経済学教室 12

産業組織論

補論：産業組織としての農業

皆川 正 著

培風館

編　集

丸　山　徹

本書の無断複写は，著作権法上での例外を除き，禁じられています。
本書を複写される場合は，その都度当社の許諾を得てください。

はしがき

　産業組織論はミクロ経済学を基礎とし，それを産業というフレームワークに応用した，いわゆる応用ミクロ経済学の一種である。では，ミクロ経済学とはどのような学問であろうか。それは大きく分けて，(1) 希少性の原理，(2) 合理的経済行動，(3) 市場，という 3 つの概念から成り立っており，これら 3 つはそれぞれ互いに関連している。まず，量が少ないということが価値をもつことを示す (1) が (2) という行動を経済主体にもたらす。なぜならば，(1) を考慮して行動することこそが合理性と考えられるからである。最後に，各経済主体の合理的な経済行動を実現させる場が市場である。いくら行動を欲しても，それを可能にする手段がなければそうした行動は何の意味をもたない。

　以上の 3 つの基本的概念に，完全競争という競争概念を適用すると，「完全競争経済の均衡はパレート最適である」という厚生経済学の基本定理が得られる。そして，これが産業組織論における市場成果をはかる原点になる。また，完全競争は，価格を与件として取り扱うことを可能にさせ，このことが分析の単純化をもたらす。このように，完全競争はミクロ経済学にとって不可欠な概念であるが，それが成立するためには以下のようないくつかの条件が満たされなければならない。1. 企業の数も消費者の数も極めて多く，そのため彼らの意思決定は市場で成立する価格に何ら影響を与えない。2. 各企業が生産する財はすべて同質的である。3. 企業および消費者は市場価格あるいは財の品質について完全な情報をもっている。

　言うまでもなく，これらの条件が実際の市場 (産業) で満たされていることはほとんどない。例えば，多くの産業において企業は程度の差はあれ独占

i

的な価格支配力を有する。また財にしても、品質、デザイン、機能あるいは広告・宣伝活動を手段として様々な差別化が行われており、同質的であることはむしろ稀である。

産業組織論は、完全競争の概念ではとらえることのできないこうした要因をミクロ経済学の観点から分析し評価することをその目的としている。したがって、そこで仮定する競争形態もクールノー競争、ベルトラン競争あるいは独占的競争など多くの異なったタイプの競争が考察の対象になる。また、競争手段も、生産量、価格といった短期的な手段から生産設備、技術、製品の差別化、広告などより長期的な手段まで様々な手段が議論されることになる。

現実の産業では、企業の数は完全競争が仮定するほど多くはなく、また、独占のように一つということもない。こうした産業では、ある企業の行動は自己の利潤だけではなく、他の企業の利潤にも影響を与える。同時に、たとえ自分のとる行動が同じであっても他の企業の行動により、その結果は異なる。したがって、企業が意思決定をするときには、他の企業がそれぞれどのように行動するのかを常に予測しなければならない。こうした戦略的相互依存関係を明らかにするために、本書では、ゲーム理論という分析手法とナッシュ均衡という均衡概念を中心においた。また、一般にゲーム理論ではあまり取り上げられることのない協調ゲームについても、できるだけ詳しく説明をした。さらに2段階ゲームの理論を取り入れ、短期的競争手段と長期的競争手段の関係を統一的な視点から明らかにするように努めた。

本書の構成は以下の通りである。まず、第1章では、産業組織論の意義、目的について明らかにする。第2章～第3章では、ミクロ経済学の基礎とそこから導かれる厚生経済学上の命題について議論する。第4章～第7章は、ゲーム理論の基礎とゲーム理論を用いた企業の戦略的行動についての説明である。そこでは、ゲーム理論を構成するいくつかの基本的な概念と、様々なタイプの競争形態と競争手段について考察される。第8章では、企業の参入阻止行動という産業組織論上の問題について、チェーンストア・パラドックスとよばれる、理論と現実の乖離を示す一つの例が議論される。第9章では、

研究開発とそれが生み出す技術革新に関して論じるとき，欠かすことのできない経済学者であるシュンペーターの学説を紹介する。21世紀に入った今日，産業の主力となっているのは，鉄鋼，自動車，各種化学製品などの工業製品ではなく，情報を中核とするハイテク産業である。こうしたニューエコノミーの原動力は，従来型のオールドエコノミーが単なる規模の経済であったのに対し，供給サイドと需要サイド両方を巻き込んだ，ネットワーク外部性と名付けられているフィードバック効果である。第10章では，いくつかの例をあげながら，こうしたネットワーク型産業の特徴について説明をする。

　なお，第1章～第10章を皆川が，補論を荒山が執筆した。

　本書を出版するにあたり，慶応義塾大学名誉教授の丸山徹氏から多くの貴重なご意見をいただいた。心よりお礼を申し上げたい。また，本書の完成に向けて，様々なご助力をいただいた培風館の斉藤淳氏，整理・編集や校正でお世話になった江連千賀子氏に対しても深く感謝したい。

　　　　2019年10月

　　　　　　　　　　　　　　　　　　　　　　　　　皆　川　　正

目　　次

1 産業組織論の基本的枠組み　　　1

1.1 産業組織論とはどのような学問か…………………………………　1

1.2 産業と市場………………………………………………………………　3

1.3 市場構造・市場行動・市場成果……………………………………　4

　　　市場構造　　市場行動　　市場成果

2 ミクロ経済学の基礎　　　8

2.1 需 要 関 数………………………………………………………………　8

　　　無差別曲線　　消費者の効用最大化行動
　　　需要関数の導出

2.2 費 用 関 数………………………………………………………………　13

　　　等生産量曲線　　企業の費用最小化行動
　　　費用関数の導出

2.3 消費者余剰と生産者余剰……………………………………………　17

3 完全競争市場および独占市場における厚生　　　20

3.1 完 全 競 争………………………………………………………………　20

3.2 独　　　　占……………………………………………………………　23

　　　コンテスタブル・マーケット　　技術革新

v

4 寡占市場における企業行動 　29

- 4.1 ゲーム理論とナッシュ均衡 ……………………………… 29
- 4.2 クールノー・モデル ……………………………………… 30
- 4.3 極 限 定 理 ………………………………………………… 32
- 4.4 ベルトラン・モデル ……………………………………… 34
- 4.5 繰り返しゲームと暗黙の協調 …………………………… 39
- 4.6 独占的競争 ………………………………………………… 42

5 製品差別化と競争 　45

- 5.1 企業による製品品質の選択と消費者行動 …………………… 46
- 5.2 製品特性の選択とホテリングの最小差別化定理 …………… 47
- 5.3 線分モデルにおける製品特性と価格決定 …………………… 51

6 戦略的補完性と協調ゲーム 　54

- 6.1 戦略的補完性および戦略的代替性 ……………………… 54
- 6.2 協調ゲームにおける均衡選択 …………………………… 61

    協調ゲーム 　　均衡選択

- 6.3 ネットワーク型の産業と戦略的補完性 ………………… 64
- 6.4 囚人のジレンマ・ゲーム ………………………………… 65

7 2段階ゲームの理論とその応用 　69

- 7.1 2段階ゲームの理論 ……………………………………… 70

    直接効果と戦略効果 　　相手企業に与える効果
    長期戦略へのインセンティブ 　　反応関数と長期戦略
    2段階ゲームの理論の応用

- 7.2 2企業が同時に長期戦略を採用する場合 ………………… 79

目　次　　　　　　　　　　　　　　　　　　　　　　　　　　vii

8　チェーンストア・パラドックス　　　　　　　　　　83

9　広告および研究開発　　　　　　　　　　　　　　89

9.1　広告と情報　………………………………………………　89

9.2　広告による品質のシグナリング　………………………　90

9.3　研究開発と技術革新　………………………………………　92

技術の性質　　特許制度のもとでの技術開発競争
シュンペーター仮説

10　ネットワーク型産業　　　　　　　　　　　　　99

10.1　ネットワーク外部性　………………………………………　99

10.2　ケース・スタディ　…………………………………………　101

レーザーディスクとビデオテープ　　キーボード文字の配列

補論：産業組織としての農業　　　　　　　　　［荒山裕行］

A　食糧需給と農業　　　　　　　　　　　　　109

A.1　食料の需要と食糧需給状況　………………………………　110

A.2　農業の国内生産額と輸入額　………………………………　113

A.3　農産物価格指数・交易条件・固定資本形成・生産性の推移　…　116

A.4　農家数および農業就業者数の減少　………………………　119

A.5　農家所得および農業所得　…………………………………　121

A.6　時間当たり所得（農家）および時間当たり現金給与（製造業）…　123

A.7　日本農業の推移：何が説明されなければならないのか　………　125

B　産業組織としての農業の推移　　　　　　　126

B.1　農工間格差と農業労働時間当たり所得の増加のメカニズム…　127

viii　　　　　　　　　　　　　　　　　　　　　　　　　　　　　目　　次

　B.2　農工間格差と農業労働時間当たり所得の推移 ……………… 130

C　産業レベルの経済分析：派生需要の理論　　133

　C.1　派生需要の理論 ………………………………………………… 134
　C.2　派生需要の理論のもつ農業へのインプリケーション ……… 137

D　農業と工業の「二部門一般均衡分析」　　142

　D.1　資本が固定的な一般均衡分析 ………………………………… 142
　D.2　一般均衡分析による日本農業の調整過程 …………………… 145
　D.3　TPP と日本農業 ………………………………………………… 148

参 考 文 献　　151

索　　　引　　155

1

産業組織論の基本的枠組み

1.1 産業組織論とはどのような学問か

産業組織論は，ある特定の財からなる一つの市場ないし一つの産業におい
て，その参加者である企業および消費者がどのように行動し，結果として経
済厚生上どのような状態がもたらされるのか，もし改善すべき点があるとす
れば，どのような政策をとったらよいのかを明らかにすることを目的として
いる。したがって，ミクロ経済学における部分均衡分析を産業レベルに応用
した理論的，実証的な研究と，そこでの政策のあり方を問うことが産業組織
論の中身といってよい。ただし，通常のミクロ経済学が完全競争に基づく市
場均衡の概念を中心として構成されているのに対して，産業組織論ではむし
ろ企業による不完全競争が主要な役割を演じる。このため，自己のとる行動
に対して他の企業がどのような行動をとるかを予想しながら，あるいは自己
の行動についての他企業の予想に影響を与えることにより他企業の意思決定
を自己に有利になるようにしつつ，企業は自己の最適な行動を選択するとい
うゲーム理論的な手法が必要となる。

また，産業組織論は極めて実践指向の強い学問であることにも留意してお
かなければならない[1]。例えば，日本では，独占禁止法が産業における競争

---

[1] 産業組織論から見た独占禁止法の事例的研究については，例えば，小田切 [2008] を
参照。

1

を促進させるための法律制度になっているが，そこでは第1条に，

　　"公正且つ自由な競争を促進し，事業者の創意を発揮させ，事業活動を
　　盛んにし，雇傭及び国民実所得の水準を高め，以て，一般消費者の利益
　　を確保するとともに，国民経済の民主的で健全な発達を促進することを
　　目的とする。"

と記されている。この条文からわかるように，何よりもまず，企業間で競争
をすることが消費者利益にも国民経済の利益にもつながるという強い信念が
そこにはある。

　ではなぜ競争は社会に資するのであろうか。ここに書かれた市場競争のメ
リットで最もわかりやすいのは，消費者にとって価格が下がることである。
もし，独占やカルテルが市場を支配すれば，価格は吊り上げられ，品質の劣
るモノあるいはサービスが提供される可能性が生じる。また競争は，企業に，
より効率的かつ革新的な生産技術の導入や新しい製品開発，すなわちイノベ
ーションへの強いインセンティブを与える。競争がもたらすもう一つの大事
なメリットは，規制当局がもつ裁量の余地を排除し，企業や消費者が自由に
意思決定をする領域を広げることである。

　このように競争は通常，市場に対してより効率的な結果を与えるが，それ
が常に正しいとは限らない。例えば，2002年に施行されたタクシー業界の
規制緩和では，市場メカニズムが作用した結果もたらされる消費者のメリッ
トよりもむしろ，大都市での新規参入者の大幅な増加の結果，過当競争が生
じ，運転手の労働条件の悪化や事故の増加などがもたらされた。

　しかし，一般的に言って，競争を維持し促進することは，経済にとって大
きな利益になる。産業組織論の目的は，どのような状況で競争が損なわれ，
厚生上の損失が生じるのか，それらを理論的に明らかにし，競争のあり方に
ついてとるべき政策を提言することである。実際，日本あるいはアメリカな
どで生じた独占禁止法や反トラスト法違反事件は，それを契機として新たな
問題の提起を引き起こし，産業組織論の発展に大きな影響を与えたのである。

1.2 産業と市場

　産業組織論の分析対象である"産業"とは，同一または同じ種類の財（サービス）を市場に供給する企業の集まりのことであり，一方，"市場"とは同一の財についてすべての売り手と買い手が取引を行う抽象的な場を表す。ここで，"同じ種類の財"とはそれらが密接な代替財であることを意味し，その密接さの程度は需要の交差弾力性の大きさによって測られる。例えば，ある異なる財 A と B において，その交差弾力性は B の価格変化率に対する A の需要の変化率（つまり，B の価格が1%変化したとき，A の需要が何パーセント変化するか）で定義され，この値が0より大きければ大きいほどこの2財が同一産業に分類される可能性が高まる。例えば，2財が完全に同質的であれば，交差弾力性は無限大となる。ただし，どの値であれば同一産業と言えるのか，それを先験的に判断することは困難であるし，また交差弾力性を厳密に計測することは極めて難しい。

　一例をあげれば，自動車製造業には乗用車の他にバス，トラックなども含まれるが，これらはそれぞれ別の産業といった方がよいであろう。また，一口に乗用車といってもセダンとワンボックスカーを同一の財とみなせるのか，あるいはトヨタ，日産，ホンダの同じような価格帯の乗用車を一括りに同一の財として処理することができるのかについては疑問が残る。

　同様なことは，市場概念にも言える。最近はインターネットの発達により地理的な制約がかなり取り除かれてきたが，小売業などはそれぞれの地域ごとに市場を考えた方が分析上都合がよい。逆に，コンピューターや半導体の分野では世界を単位として市場をとらえることがより適切であろう。

　要約すれば，どの範囲の財を一つの産業あるいは市場に属すると考えるかは結局程度の問題であり，それぞれの分析目的に応じてそれは決められるべきものなのである。

1.3 市場構造・市場行動・市場成果

ある市場を分析する際に産業組織論で通常用いられるのが，市場構造（market structure），市場行動（market conduct），市場成果（market performance）というフレームワークであり，この3つの頭文字をとって通常SCP分析とよばれている。産業組織論の発展に大きな役割を果たしたベイン（Bain［1959］）によれば，市場構造が消費者および企業からなる市場の参加者の行動に影響を与え，これら市場行動の結果として市場成果が決定されるという。しかし，後でふれるように，実際はこうした一方通行の流れには不確実な要素が付きまとい，厳密な因果関係を期待することは必ずしもできない。また，SCPという要因に強い影響を与えるものとして，その国全体の価値基準，技術水準，法制度など通常は分析対象からは除かれる問題があることにも留意しておかなければならない。

1.3.1 市場構造

市場構造とは，文字通りある特定の財（サービス）の市場の構造的な特徴を表す概念であり，基本的な要素として，売り手（買い手）の集中度，製品差別化の程度，そして参入障壁の大きさなどがあげられる。

集中度は，ある一つの産業内において生産が大企業にどのように集中しているか，また様々な規模をもった企業がどのように分布しているかを示すものであり，特に売り手（買い手[2]）の数が重要な指標となる。もし，売り手（買い手）の数が1社であれば，それを売り手（買い手）独占といい，同じような規模の売り手（買い手）が少数存在するときには売り手（買い手）寡占，無数に多くの売り手と買い手からなる市場を完全競争という[3]。

買い手が，同様の製品でありながら売り手ごとに異なったものとしてそれらを認識するとき，その製品は差別化されているという。ここで，差別化に

---

[2] 消費財市場では買い手が多数存在するが，中間財あるいは投資財市場では買い手の数が限られる。

[3] ただし，提供される財・サービスは同質でなければならない。もし同質的でなく，それらが差別化されている場合には，企業が価格影響力をもち，こうした市場を独占的競争という。

1.3 市場構造・市場行動・市場成果　　　　　　　　　　　　　5

は二種類のものが考えられる。製品の違いが唯一品質によって示される場合には，消費者は価格が同じである限り最も品質の高い製品を購入する。このように，差別化が品質の差を意味するとき，これを垂直的差別化とよぶ。一方，デザインなどは消費者の好みが多様化しており，同じ目的用途をもった製品であっても，その選択は様々である。こうして消費者の嗜好の違いにより差別化が生じる場合を水平的差別化とよぶ。

　市場構造を決めるもう一つ重要な要因が参入障壁である。これは，ある産業において新規の企業が参入しようとするとき，それがどの程度困難であるかを表す指標である。具体的には，既存企業の技術上の優位性およびその広告・宣伝活動の累積効果，規模の経済性の程度，特許権などがあげられる。もし，このような障壁が存在せず，潜在的競争企業が産業に自由に参入・退出できるとき，これを参入の自由とよぶ。

　以上に示したのは，当該産業に属する企業が影響を及ぼすことのできる市場構造であるが，これとは別に企業にとっては与件といってよい，産業の基礎的な枠組みを決定する条件がある。産業の需要成長率がどれだけか，資源や労働がどの程度容易に手に入れられるのか，公共政策がどのように行われているのか，さらにはその国の経済および社会的なシステムがどのような形で設計されているのかなどは，市場構造を決める最終的な要因である。

1.3.2　市　場　行　動

　市場行動は，市場の様々な条件と他企業との関係を考慮しながら，企業がいかに行動を決定するかを表す概念である。例えば，寡占企業は通常，価格や生産量をめぐって激しく競争するが，ときには協調的な行動をとることもある。また，企業の戦略手段も単に価格・生産量だけではない。設備投資，研究開発，広告宣伝，あるいは提携・合併など長期的，多角的な観点から様々な意思決定を行っている。これらはすべて市場行動の中に含まれる。

1.3.3　市　場　成　果

　産業組織論における市場成果とは，市場に参加している各経済主体がどのように満足を得ているかを示す指標であり，厚生経済学の部分均衡分析的な

効率性の条件を基礎として導き出される。つまり，ある財について消費者余剰と生産者余剰の和が最大化されているかどうかが市場成果の判定基準となる。しかし，個々の産業の市場成果を評価するにあたり，このような経済厚生の条件はあまりに抽象的であり，より具体的で現実に適用可能な形の評価基準を用いなければならない。そこで産業組織論においてよく使われるのが利潤率，技術的効率，販売促進費，設備の操業度あるいは技術進歩[4] といった概念である。市場成果にはこの他にも，所得分配上の公平性が問われることが多いが，何をもって公平と考えるかは個々の経済主体の価値判断に依存し，誰にでも受け入れることのできるような基準を導き出すことは不可能といってよい。

先にふれたように，ベインなどに代表される伝統的な産業組織論では，市場構造が市場行動を，市場行動が市場成果に影響を及ぼすとされているが，こうした因果関係を正確に仮定することができるかどうかについては疑問が残る。例えば，企業が莫大な広告費を支出したり，製品差別化戦略をとったりすることは参入障壁を高め，市場構造を変化させる。また，あまりにも競争的な戦略をとって市場成果が期待できないと予想されるときには，企業はむしろライバル企業と協調的な行動とるかもしれない。さらに，たとえ独占的な市場構造がもたらされ，実際に参入企業が存在しなくても，ある種の条件が満たされて潜在的な競争力が働き，その結果 競争的な市場行動と成果が実現することがある（これについては，第3章における「コンテスタブル・マーケット」を参照）。

このように，市場の構造，行動と成果の間の関係には，一方的な関係ではなく不確実な要素がどうしても存在するのである。産業組織論において当面課せられた課題は，SCP フレームワークにあまり厳密にとらわれることなく，いかなる条件のもとでいかなる結果が生じやすいかその関係を明らかにすることである。

ここで，以下における本書の流れを簡単に見ておこう。第2章と第3章は，これから産業組織論を考察していくうえでその基礎となるミクロ経済学と，

---

[4] 現在の意思決定が将来の市場成果に大きな影響を与える，いわゆる動学的なフレームワークのもとでは，技術進歩のあり方が特に重要な問題となる。

1.3 市場構造・市場行動・市場成果 7

そこから導き出される社会的余剰（消費者余剰＋生産者余剰）概念の関係についての説明である。続く第4章から第9章では，主としてゲーム理論のフレームワークを用いて，不完全競争下にある企業の様々な戦略的行動と産業組織のかかわりが示される。最後に第10章では，21世紀において急速にその規模を増大させたコンピューター産業を中心とするいわゆるネットワーク型の経済について分析を行う。

2

ミクロ経済学の基礎

　産業を分析するにあたり様々な場合に必要とされるのが，ミクロ経済学で
用いられる需要関数，費用関数，余剰の概念である。これらは消費者行動の
理論，企業の理論から導出される。本章ではこの議論について見てみよう。

2.1　需要関数

　簡単化のために，消費者の購入する財の種類が二種類に限られている場合
を考えよう。消費者の満足を示す効用関数を

$$u = u(q_1, q_2)$$

によって表す。ここで，q_1, q_2 はそれぞれ第 1 財，第 2 財の消費量であり，
$u(q_1^1, q_2^1) > u(q_1^2, q_2^2)$ であるとき，q_1^1, q_2^1 の財の組み合わせの方が q_1^2, q_2^2 で
与えられる財の組み合わせよりもより高い満足を与える。また，q_1, q_2 はそ
れぞれの値が大きければ大きいほど u の値は大きくなる。

2.1.1　無差別曲線

　ある一定の効用水準をもたらす q_1, q_2 のすべての組み合わせの軌跡は，無
差別曲線を形成する。そして様々に異なった効用の水準に対応する無差別曲
線の集まりを無差別曲線図とよぶ。一般に無差別曲線図は図 2.1 のような形
になる。ただし，$u^0 < u^1 < u^2$ である。ここから明らかなように，無差別曲線
図は次のような特徴をもっている。

8

2.1 需要関数

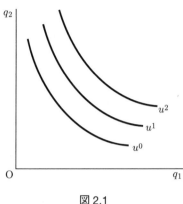

図 2.1

(1) 右上の方向にあればあるほど，その無差別曲線は高い水準の効用をもたらす（q_1, q_2 の値が大きいほど u の値は大きくなる）。
(2) 無差別曲線は原点に対して凸形になる（財は希少であればあるほど価値を増し，逆に多ければ多いほど価値を減じるという，いわゆる限界効用逓減の法則から導かれる）。
(3) 無差別曲線が互いに交わることはない（もし交わるとすれば矛盾が生じる）。

2.1.2　消費者の効用最大化行動

合理的な消費者は，限られた所得の中で自分に最大の満足をもたらす q_1, q_2 の組み合わせを購入しようとする。いま，第 i 財 ($i=1, 2$) 一単位当たりの価格を p_i，消費者の所与なる所得を y とすると，消費者にとって購入可能な第1財と第2財の組み合わせは，予算制約式

$$p_1 q_1 + p_2 q_2 = y \quad \text{すなわち } q_2 = -\frac{p_1}{p_2} q_1 + \frac{y}{p_2}$$

を満たさなければならない。これを図示すると図2.2のようになる。この予算制約式と先の無差別曲線図を同時に重ねたのが図2.3である。図から明らかなように，予算制約式を満たしながら，最大の効用をもたらすのは（最も高い無差別曲線に到達しているのは），予算制約式と無差別曲線が接するA

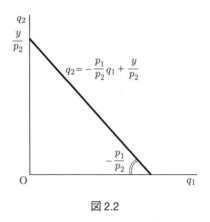

図 2.2

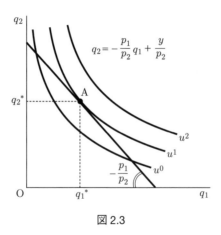

図 2.3

点であり，第 1 財と第 2 財の需要量はそれぞれ q_1^*, q_2^* となる。

2.1.3 需要関数の導出

次に，他の条件は一定のまま[1]，第 1 財の価格が p_1 から p_1' へ下がったとしよう。図 2.4 はこのような状況を表しており，予算制約式は CD から CE にシフトする。その結果，効用最大化を実現する点は A から B へ移動し，

---

[1] つまり，p_2, y は変化しないことを仮定している。

2.1 需要関数

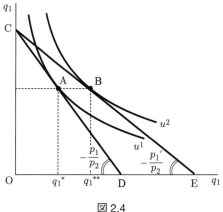

図 2.4

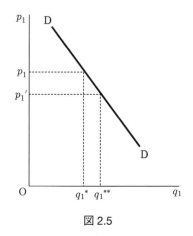

図 2.5

第1財の需要量は q_1^* から q_1^{**} へと増加する。つまり，財価格の引き下げは，当該財の需要量を増大させる効果をもつ。図2.5 はこうした関係を示したものであり，DD 線を需要曲線（または需要関数）とよぶ。ただし注意しなければならないのは，需要曲線は常に右下がりであるとは限らないことである。効用最大化問題から導出されるスルツキー方程式[2]において，所得効果が代

---

[2] これにはかなり面倒な計算手続きが必要である。詳細については，例えば Henderson & Quandt [1980]，神取 [2014] などを参照。

替効果に優れば，需要曲線は以上の結論とは逆に右上がりとなる。価格が下がると消費者の購入量が低下するこのような財をギッフエン財とよぶ。

ここで，ラグランジュの乗数法を用いた最大化問題の解法についても，簡単にふれておこう。2つの変数 x_1, x_2 からなる関数 $f(x_1, x_2)$ を $g(x_1, x_2) = 0$ という制約条件のもとで最大化する場合，まず $L = f(x_1, x_2) + \lambda g(x_1, x_2)$ という，いわゆるラグランジュ関数とよばれる式をつくる。ただし，λ は変数であり，以下に示す方程式の中で，解かれるべき値である。このとき，L を最大化することと，$g(x_1, x_2) = 0$ の制約条件の中で $f(x_1, x_2)$ を最大にすることは同値になる。L を最大化するには，L をそれぞれの変数 x_1, x_2, λ について偏微分し，それを 0 とおけばよい。すなわち，

$$\frac{\partial L}{\partial x_1} = \frac{\partial f}{\partial x_1} + \lambda \frac{\partial g}{\partial x_1} = 0$$

$$\frac{\partial L}{\partial x_2} = \frac{\partial f}{\partial x_2} + \lambda \frac{\partial g}{\partial x_2} = 0$$

$$\frac{\partial L}{\partial \lambda} = g = 0$$

を解けばよい。

いま，具体例として $u = q_1 q_2$，予算制約式を $p_1 q_1 + p_2 q_2 = y^0$ と仮定すると
$$L = q_1 q_2 + \lambda (y^0 - p_1 q_1 - p_2 q_2)$$
となり，

$$\frac{\partial L}{\partial q_1} = q_2 - p_1 \lambda = 0$$

$$\frac{\partial L}{\partial q_2} = q_1 - p_2 \lambda = 0$$

$$\frac{\partial L}{\partial \lambda} = y^0 - p_1 q_1 - p_2 q_2 = 0$$

が成立する。これらの式から q_1, q_2 を求めると，2つの需要関数

$$q_1 = \frac{y^0}{2p_1}, \quad q_2 = \frac{y^0}{2p_2}$$

が得られる。

2.2 費用関数

企業が二種類の生産要素,第1生産要素,第2生産要素を用いて,ある一種類の生産物を生産する単純な生産プロセスを考えてみよう.このとき,その技術的な関係を表す生産関数は次式により与えられる.

$$q = f(x_1, x_2)$$

ただし,q および x_i ($i=1, 2$) は生産物と各生産要素の量であり,x_1, x_2 の値がそれぞれ大きければ大きいほど q の値は大きくなる.また,x_2 をある固定した値 x_2^0 とし,$q = f(x_1, x_2^0)$ としたときに,x_1 と q の関係は図2.6で与えられる[3].ここで,この曲線の接線の勾配 $\dfrac{\partial q}{\partial x_1}$ を第1生産要素の限界生産力といい,x_1 の増加につれて,最初の段階では増加するが,最終的には徐々に低下すると仮定する.これを,限界生産力逓減の法則とよぶ.

2.2.1 等生産量曲線

等生産量曲線とは,先に述べた消費者における無差別曲線に相当する概念

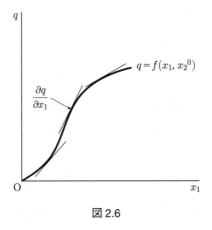

図2.6

---

[3] x_1 の値を固定した場合も同様である.

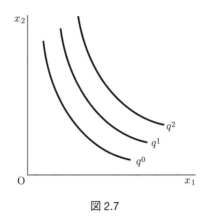

図 2.7

である。すなわち，ある一定の生産水準 q_0 をもたらす x_1 と x_2 のすべての組み合わせの点の軌跡であり，$q^0 = f(x_1, x_2)$ で与えられる．図 2.7 で示されるように，生産水準が高ければ高いほどそれは右にシフトする（$q^0 < q^1 < q^2$）．また，原点に対して凸であり，それぞれが交わらないという性質も無差別曲線と同様である．

2.2.2 企業の費用最小化行動

企業は x_1 と x_2 を市場から単位価格 w_1, w_2 で購入し，それらを用いて生産を行う．このとき，企業の総生産費 C は，可変費用 $w_1 x_1 + w_2 x_2$ と生産量にかかわらず必要とされる固定費用 b を足し合わせた

$$C = w_1 x_1 + w_2 x_2 + b$$

で与えられる．いま，C の水準を C^0 に固定すると，

$$C^0 = w_1 x_1 + w_2 x_2 + b$$

すなわち，

$$x_2 = -\frac{w_1}{w_2} x_1 + \frac{C^0 - b}{w_2}$$

は一定額の総費用 C^0 によって購入できる x_1, x_2 の組み合わせの軌跡を示しており，等費用曲線という．C^0, C^1, C^2（$C^0 < C^1 < C^2$）に対応する等費用曲線を描いたのが図 2.8 であり，等費用曲線群とよばれる．

2.2 費用関数

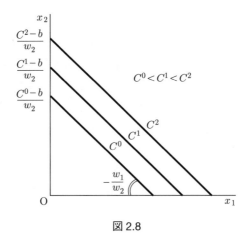

図 2.8

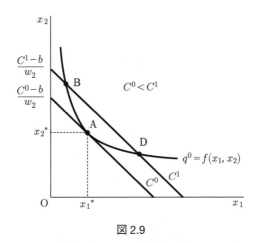

図 2.9

ある一定の生産量 q^0 をもたらす x_1, x_2 の組み合わせ $q^0 = f(x_1, x_2)$ のうち，その費用を最小化する x_1, x_2 を求めるためには，q^0 に対応する等生産量曲線と等費用曲線群を重ね合わせればよい（図 2.9）。したがって，図 2.9 より，q^0 を生産するうえで最も安価な費用を実現するのが，等生産量曲線と等費用曲線群が接する A 点であり，x_1^*, x_2^* の組み合わせで与えられることがわかる。A 点以外の例えば B 点あるいは D 点が採用されれば，その費用は C^1 となり，より高い費用が必要となる。

2.2.3 費用関数の導出

以上の議論から，所与の生産要素価格 w_1, w_2 のもとで，生産量水準 q の値を与えれば，総生産費を最小化する要素の投入量 x_1^*, x_2^* が定まることがわかった。この意味において $x_1^* = x_1^*(q)$, $x_2^* = x_2^*(q)$ と書くことができる。

そこで，こうしてもたらされる可変費用 $w_1 x_1^*(q) + w_2 x_2^*(q)$ を可変費用関数 $\phi(q)$（w_1, w_2 は，いま一定と仮定している）と定義すると，結局，q に対する最小総費用 C は

$$C = \phi(q) + b$$

で与えられる。C は q のみの関数であるので，これを $C = C(q)$ とする。$C(q)$ は費用関数（費用曲線）とよばれ，一般に，図 2.10 のような形になる。

次に，費用に関するいくつかの特殊な関係についてふれておこう。まず，総生産費を生産量で割った $\dfrac{C(q)}{q}$ は，生産量一単位当たり平均の費用を表しており，平均費用（average cost，略して AC）とよばれる。また，費用関数 $C = C(q)$ の接線の勾配[4]

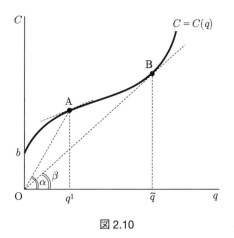

図 2.10

---

[4] 定数 b を微分すると 0 になる。

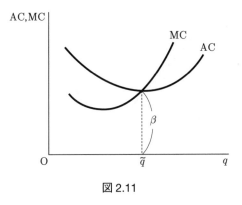

図 2.11

$$\frac{dC}{dq} = \frac{d(\phi(q)+b)}{dq} = \frac{d\phi(q)}{dq}$$

は限界費用 (marginal cost, 略して MC) とよばれ, 生産量を一単位増やしたときの総生産費の追加的な増加分を表している。

図 2.10 において, q が q^1 の水準にあるとき, AC は傾き α で, MC は A 点における接線の勾配で示される。図 2.11 はこうした AC 曲線と MC 曲線の関係を, 横軸に q, 縦軸に AC と MC をとって表したものである。容易にわかるように, q が $\tilde{q}$ の水準にあるとき, AC と MC の値がともに β という等しい値になり, また AC の値はそこで最小になる。

2.3 消費者余剰と生産者余剰

産業組織論において, 産業の厚生水準を判定する際に用いられるのが社会的余剰という概念である。これは消費者余剰と生産者余剰の合計からなる。

まず消費者余剰から説明しよう。ある産業において, 代表的な消費者が一人いるものと仮定し, その需要曲線を図 2.12 の AB 線で示す。需要曲線は様々な価格のもとでどのように需要量が定まるかを表しているが, 需要曲線上の各点は, その点に対応する需要量を得るために消費者が進んで支払う一単位当たり最大の価格を示してもいる。

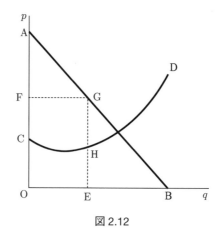

図 2.12

　例えば，100 円の価格に対し，需要量が 10 個であったとする．つまり，10 個という需要量に対し 1 個 100 円であればその人は喜んで支払う用意がある．しかし，もう 1 個多い 11 個の需要量を引き出すためには，もはや 1 個 100 円のままではそれができず，1 個当たりの価格を 100 円以下に引き下げなければならない．このことから，10 個の需要量に対し，1 個当たり 100 円がその人が喜んで支払う最大価格ということができる．

　これを図で示すと，図 2.12 の EG は，OE の需要量に対して支払う一単位当たり最大の価格である．そこでゼロの需要量から始めて，一単位ずつ購入していくことを考えると，台形 OAGE（O から E の範囲での需要曲線の下の面積）は消費者が当該財を OE だけ購入するのに進んで支払う最大金額と解釈できる．いま，この産業で成立している価格を EG とすると，四角形 OFGE は消費者が実際に支払った金額なので，三角形 FAG は消費者が受けた利益総額を表すことになる．これが消費者余剰である．

　次に生産者余剰に移ろう．ここでも，代表的な企業が一つ存在すると仮定しよう．このとき，生産者余剰とは，固定費を中に含んだ形での企業の余剰，すなわち利潤をさす．ここで固定費が含まれているのは，固定費は生産の効率性に何ら影響を及ぼすことのない費用であり，それゆえ明示的に考慮する必要がないからである．

2.3 消費者余剰と生産者余剰   19

図2.12のCD線は限界費用曲線（MC曲線）を示している。限界費用とは
追加的生産一単位当たりに要する可変費用のことであり，したがって，もし
企業がゼロ水準から一単位ずつ生産を増加させていき，OEの水準にまで至
った場合，CH線から下の面積OCHEはOEを生産するのに必要な総可変費
用を表していることになる。上述のように，この産業における財の価格を
EGとすると，OFGEは企業の総収入なので，結局，CFGHは（固定費を中
に含んだ）利潤，つまり生産者余剰になる。

社会的余剰は，消費者余剰と生産者余剰を足し合わせたものなので，EG
という財価格に対し，産業の厚生水準はCAGHで与えられる。

3

完全競争市場および独占市場
における厚生

　ある産業の市場を考えてみた場合，企業の数ひとつを取ってみても，企業が無数に存在する完全競争，たった一つしかない独占[1]，あるいはその中間で，複数の企業が他のライバル企業の反応を考慮しながら互いに競い合う寡占など様々なケースがあり得る。そして，そのそれぞれに応じて産業の厚生水準は異なってくる可能性がある。本章では，そのうちの完全競争と独占という両極端なケースを取り上げて考察してみよう。

3.1　完 全 競 争

完全競争の状態にある財市場では，次の条件が満たされなければならない。

(1)　企業の数も消費者の数も極めて多く，個々の彼らの生産量あるいは需要量に関する意思決定は市場で成立する価格に何ら影響を及ぼさない。つまり，市場に参加する各経済主体にとって，価格は与件として与えられる。

(2)　各企業が生産する財はすべて同質的である。

(3)　企業および消費者（特に消費者）は，現在の市場価格あるいは財の品質について完全な情報をもっている。

(4)　市場に新たに参入したり，あるいは市場から退出したりすることは，

---

[1]　正確には，売り手独占というべきである。

20

企業にとっても消費者にとっても自由である（この条件は期間を長期にとった場合の仮定である。短期的に考察する場合は，この条件は必要ない）。

　容易に推測できるように，現実にはこれらすべての条件が満たされることは極めて稀である。しかし，完全競争は，それがもつ理想的な性質のゆえに，また分析を簡単にするためにしばしば仮定されるのである。

　いま第2章と同様に，産業には完全競争的に行動する一つの代表的な企業と一人の代表的な消費者が存在することを想定しよう。市場価格を p，生産量（需要量）を q とすると，企業の利潤 π は

$$\pi = pq - C(q)$$

で示される。ここで，p は企業にとって与件であり，また $C(q)$ は先に考察した費用関数である。企業はこの利潤を最大化するように q を決定する。したがって，

$$\frac{d\pi}{dq} = p - \frac{dC(q)}{dq} = p - MC = 0$$

すなわち，

$$p = MC$$

が成立しなければならない。

　このことを，図を用いて説明することもできる。図3.1 は pq 線と $C(q)$ 線との間の距離が利潤 π であることを示しており，傾き p と $C(q)$ の勾配 $\frac{dC(q)}{dq}(=MC)$ がちょうど等しくなる q^* の生産量水準で利潤が最大化されている。

　上式の $p = MC$ という条件は，p が与えられると，それに等しい MC がもたらされるように q が決定されることを表しており，結局，MC 曲線が市場の供給曲線[2]になることがわかる。

　図3.2において，市場の需要曲線を AB 線で，供給曲線（MC 曲線）を CD

---

[2] ただし，このようにして決定される供給曲線のうち，MC が最小となる点より左側の曲線部分はマイナスの利潤に対応しており，それゆえ供給曲線としては意味をもたない。

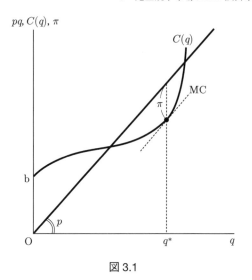

図 3.1

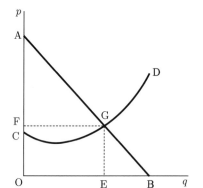

図 3.2

線で示すと，需要と供給が等しい（完全競争均衡をもたらすのはG点であり，市場価格はOF，生産量（需要量）はOEに決定される。

次に，こうした完全競争均衡のもとでの社会的余剰を求めてみよう。第2章の議論から明らかなように，消費者余剰は図のFAGで，生産者余剰はCFGで与えられ，社会的余剰はCAGになる。そして，需要曲線とMC曲線が図のように示される限りにおいて，社会的余剰はこれ以上大きな値をと

3.2 独　　占　　　　　　　　　　　　　　　　　　　　　23

ることはできない。つまり，完全競争均衡は社会的余剰を最大化する（言い換えれば，$p = MC$ が成立しているということは，産業の理想的な状態を表していることを意味する）。

3.2　独　　占

　市場において，財の供給を行う企業が一社しか存在しない場合を独占とよぶ。独占市場では，企業は需要曲線を所与とし，その曲線上の一点を自由に選択することができる。いま，財に対する需要関数を $q = q(p)$ で示そう。ここで，q は市場の需要量（独占企業の生産量），p は財一単位の市場価格である。需要関数は，p が与えられると財に対する需要がいかに定まるかを表したものであるが，これを逆に，需要量が q となるためには，価格 p はいかなる値であるべきかを示す関係として表すことができる。この関係を逆需要関数といい，$p = p(q)$ と書く。例えば，需要関数が

$$q = -ap + b \qquad (a, b > 0)$$

のとき，逆需要関数は

$$p = -\frac{1}{a}q + \frac{b}{a}$$

になる。

　独占企業は，こうした逆需要関数を満たす生産量のうちで利潤を最大にする生産量を選択する。そこで利潤を π，費用関数を $C(q)$ とすると，

$$\pi = p(q)q - C(q)$$

と書けるので，$\dfrac{d\pi}{dq} = 0$ を満たす q が求める生産量になる。上式において，$p(q)q$ は各 q に対する企業の総収入を示している。したがって，$p(q)q$ を新たに総収入関数 $R(q)$ として定義すると，

$$\frac{d\pi}{dq} = \frac{d(R(q) - C(q))}{dq} = \frac{dR(q)}{dq} - \frac{dC(q)}{dq} = 0$$

すなわち，

$$\frac{dR(q)}{dq} = \frac{dC(q)}{dq}$$

が成立しなければならない．ここで，左辺は生産量を一単位追加したときの総収入の増加率である限界収入 (marginal revenue, 略して MR) また右辺は限界費用 (MC) であり，利潤最大化条件が，限界収入 MR と限界費用 MC の均等であることを示している．

限界費用 MC がどのように導出され，どのような形に描かれるかについてはすでに第 2 章で明らかにされている．以下で，限界収入 MR についても簡単にふれておこう．いま，市場の逆需要関数が具体的に，

$$p = -\alpha q + \beta \qquad (\alpha, \beta > 0)$$

という線形の式で表されるとしよう．このとき，MR は

$$R(q) = (-\alpha q + \beta)q = -\alpha q^2 + \beta q$$

なので，

$$MR = \frac{dR(q)}{dq} = -2\alpha q + \beta$$

により与えられる[3]．図 3.3 は以上の例における逆需要関数（曲線）と MR 曲線の関係を示したものであるが，より一般的な逆需要関数においても，MR 曲線は逆需要関数の内側にシフトするという性質をもつ．

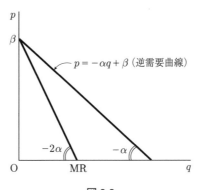

図 3.3

---

[3] ここで用いられている微分法の公式については，微積分のテキストを参照せよ．

3.2 独　占

利潤最大化条件 MR=MC を図にすると図 3.4 のようになる。図で CA は逆需要曲線，BA は MR 曲線，DE は MC 曲線である。したがって，独占市場では均衡状態として，BA 線と DE 線の交点である G 点に対応する生産量 OH ならびに市場価格 HF が成立することがわかる。

そこで次に，独占市場と完全競争市場では，各均衡状態においてどのよう

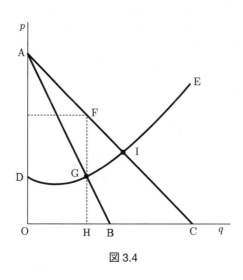

図 3.4

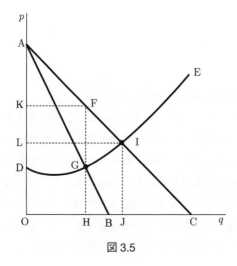

図 3.5

に異なった結果がもたらされるのか見てみよう(図3.5)。完全競争市場では,(逆)需要曲線 CA と限界費用曲線 DE の交点 I が均衡点であり,生産量と市場価格はそれぞれ OJ と JI になる。これに対し,独占市場では,OH と HF が生産量および市場価格を形成するので,独占市場の方がより少ない生産量とより高い市場価格(独占価格)が成立することがわかる。

さらに,独占市場では KAF が消費者余剰,DKFG が生産者余剰になるので,その合計である社会的余剰は DAFG で表される。これを完全競争市場と比較すると,完全競争市場では消費者余剰は LAI,生産者余剰は DLI,社会的余剰は DAI で与えられるので,以下のことを結論として言うことができる。

(1) 完全競争市場に比べて,独占市場の消費者余剰は大幅に(LKFI の大きさだけ)下回り,逆に,生産者余剰は完全競争市場のそれを上回る。

(2) 結果として,社会的余剰は GFI だけ減少し,産業の厚生を最も高める(社会的余剰を最大化する)完全競争市場に対して,より低い水準の厚生しかもたらすことができない。この社会的余剰の減少分をデッドウエイト・ロス(deadweight loss, 死重的損失)とよぶ。

ただし,以上の結論は,そこで前提とされている仮定を見ても明らかなように,分析の視野を短期に絞った場合に得られるものである。もし議論をより長期的な観点から考えれば,以下の3.2.1 あるいは3.2.2で示されるような可能性が生じる。

3.2.1 コンテスタブル・マーケット

ボーモル,パンザー,ウィリグ(Baumol, Panzar, Willig [1982])は,(1)既存企業が参入を検討している潜在的な企業に対して費用上の優位性をもたないこと(具体的に言えば,潜在的な参入企業は既存企業と同じ市場で同質的な製品を生産可能でなければならない。また,同一の技術を保持することができ,同一の条件での生産要素の投入が可能でなければならない)。(2)潜在的参入企業は既存企業が定めている価格に基づいて参入することの利益を計算する。という2つの条件が市場で満たされているとき,それをコンテス

3.2 独 占

タブル・マーケット（contestable market）と定義し，このような性質をもつ市場では，社会的厚生が最大化されることを明らかにした。

　電力，ガス，交通などの公益事業では，固定費用の存在あるいは生産量に対する限界費用の低減により規模の経済性が生じる。このため，複数企業で供給するよりも，1社で供給した方が総費用が小さくて済み，市場を1社で独占するいわゆる自然独占になるケースがほとんどである。しかし，たとえ形の上で独占であってもそこでコンテスタブルな市場の条件が成立していれば，社会的厚生が阻害されることはない。したがって，このような場合には，独占的価格を排除するために，公的な価格規制を行うよりはむしろ規制を廃し，市場をコンテスタブルな状態にもっていくことがより効果的な政策手段になる。なぜならば，規制を原因とする様々な政治的・事務的な費用や当該企業と規制当局の間で発生する癒着の可能性などは，はるかに高い費用につくと考えられるからである。

　このように，コンテスタブルな市場は大きなメリットをもつが，そのような市場が実現するためには，先に述べた2つの条件が成立していなければならない。しかし，現実には，既存企業は新規に参入する企業に対して費用の優位性をもつことが多い。このため，それが新規企業が参入する際の障壁（参入障壁については Stigler［1968］）を参照）となり，既存企業が独占力を発揮することを可能にさせる。例えば，既存企業が資源あるいは何らかの権利を排他的に所有していたり，特許技術を占有したりしていれば，それは新規参入企業に対して費用の優位性として作用する。また，生産を行うにあたり，多額の固定費用でしかもそれらが一度実行されると，そのほとんどが回収不能になるような費用（これをサンク・コスト（sunk cost）とよぶ。例えば，鉄道会社にとって駅舎は自社で建設した資産であり，土地など一部は回収できるが，そのほとんどがサンクされ，回収不能である）が必要とされる場合には，これが原因となって参入障壁を形作る。その理由は，既存企業にとってサンク・コストはすでに支払い済みの費用であり，操業を維持するか否かにその存在は影響を与えない。これに対して，参入企業はサンク・コストを参入時に負担し，しかも市場退出時にはそれが回収できないため，その分を取り戻せるだけの利益が上がらない限り参入しようとはしない。つまりサン

ク・コストの存在が，既存企業に対して費用の優位性を与えるのである。

3.2.2 技術革新

現代のほとんどの企業にとって，研究開発は最も重要な戦略的活動である。シュンペーター (Schumpeter [1934]) は，それを技術革新としてとらえ，こうした活動なしには経済や産業あるいは社会が発展していくことはあり得ないと考えた。新しい商品や新たな技術，あるいは組織改革をめぐっての競争は，資本主義のあり方にダイナミックな変化をもたらす。そしてこうした技術革新を可能にするのが，ある程度の規模と市場支配力をもつ企業であると主張する。

完全競争と独占とではどちらが技術革新へのインセンティブを強くもっているのか，今のところ必ずしも明らかではない。もし技術が占有不可能であれば，確かに完全競争のもとでは，革新はあり得ない。なぜならば，すべての企業にとって，技術革新を果たした企業の技術を模倣すれば，開発費を負担することなくその恩恵だけを受けられる。つまり，ただ乗り (free ride) が生じるからである。しかし，もし技術が占有可能であれば，独占よりも完全競争の方が研究開発へのインセンティブを強くもつことを理論的に示すことができる（第9章を参照）。

ただし，研究開発活動は多額の固定費用を要し，またそのことが規模の経済性を発生させる。また研究開発には時間がかかり，その成否についても不確実性を伴う。このため，資金力の豊富な規模の大きな企業ほど有利な立場に立つ。こうしたことを考えると，現実には，独占力をもつ企業の方が小規模の完全競争的企業よりも研究開発を盛んに行うと考えてもよい。

なお，企業規模，市場集中度および市場シェアなどの指標と研究開発活動の関係については，これまで多くの実証研究が行われてきた。しかし，その結果については必ずしも確定的なことは言えないことが明らかにされている。

4

寡占市場における企業行動

　多くの実際の産業においては，企業の数は完全競争が仮定するほど多数ではなく，また，独占のように一つということもない。複数個の企業が互いの相互依存関係を意識しながら，自己の意思決定を行っている。こうした市場構造を寡占とよぶ(例えば，日本の代表的な寡占市場としてビール業界がある。そこでは，アサヒビール，キリンビール，サントリー，サッポロビールなどがそれぞれ互いに競争を行っている。また，携帯電話市場も NTT ドコモ，KDDI (au)，ソフトバンクモバイルによる寡占産業である)。寡占市場では，ある企業の行動は各自の利得だけではなく，他のそれ以外の企業の利得にも影響を及ぼす。同時に，たとえ自分のとる行動が同じであっても，他の企業の行動によって，その結果は異なってくる。したがって，企業が意思を決定するときには，他の企業がそれぞれどのように行動するかを常に予測しなければならない。このような戦略的相互依存関係の中で，各企業がどのように行動し，その結果 産業全体としてどのような事態が生じるかを明らかにするのがゲーム理論である。本章では，ゲーム理論において中心的な役割を果たすナッシュ均衡という概念について簡単に説明しておこう。

4.1　ゲーム理論とナッシュ均衡

　経済主体(ゲーム理論ではプレイヤーとよぶ)が複数存在する戦略的な状況を考察するゲーム理論において，ゲームの内容は次のようないくつかの要

29

素によって記すことができる。(1) プレイヤーの利得構造, (2) プレイヤーの情報構造, (3) 各プレイヤーによる行動の選択と他のプレイヤーによる行動の選択との関係, (4) プレイヤーとその数, である。そして, 各プレイヤーの戦略は, こうしたいくつかの要素すなわちゲームのルールをもとに決定されるのである。

また, ゲームは, プレイヤー間で拘束的な取り決めが不可能な非協力ゲームと, それが可能な協力ゲームとに分けることができる。ただし産業組織論では, 一般に非協力ゲームによって記述されることが多い。

さて, 非協力ゲームにおいて, 最終的に成立する均衡, つまりゲームの解とはどのような概念であろうか。それは要約すると, すべてのプレイヤーにとって自分一人のみが戦略(行動)を変えてみても何ら得をすることができない戦略の組のことである。別の言い方をすれば, 各プレイヤーの戦略が, 他のプレイヤーの戦略を与えられたものとすると, 互いに最適な反応になっている状態であり, これをナッシュ均衡(Nash equilibrium)とよぶ。次節以降, 寡占市場においては, 様々な企業行動が観察されるが, そこで成立する均衡はすべて, それぞれのゲームのルール(競争のルール)が与えられたもとで, ナッシュ均衡を構成している。

4.2 クールノー・モデル

同質財を生産する寡占企業モデルとして代表的なのが, クールノー(Cournot [1838])によって考察されたいわゆるクールノー・モデルである。これは, 市場(産業)全体の生産量のうち, 各企業がどれだけ生産すれば自己の利潤を最大化できるかをめぐる数量競争のモデルであり, その結果もたらされる総生産量により市場価格が決定される。

いま, 議論をわかりやすくするために, ある同質の生産物を2つの企業が生産している複占(duopoly)を仮定しよう。逆需要関数を, $p = p(q)$, 企業 i ($i = 1, 2$)の生産量を q_i, 費用関数を $C_i(q_i)$ とすると, $q = q_1 + q_2$ となり, 各企業の利潤はそれぞれ

$$\pi_1 = q_1 p(q_1 + q_2) - C_1(q_1)$$

$$\pi_2 = q_2 p(q_1 + q_2) - C_2(q_2)$$

によって表される。企業 1(2) は相手企業 2(1) の生産量を，自己のコントロールを及ぼすことができない変数がゆえに所与として，自己の利潤を最大化する生産量 $q_1(q_2)$ を選択する。このとき，利潤最大化条件は

$$\frac{\partial \pi_1}{\partial q_1} = p(q_1 + q_2) + q_1 p'(q_1 + q_2) - C_1'(q_1) = 0 \qquad (4.1)$$

$$\frac{\partial \pi_2}{\partial q_2} = p(q_1 + q_2) + q_2 p'(q_1 + q_2) - C_2'(q_2) = 0 \qquad (4.2)$$

となる。ここで偏微分が用いられているのは，他企業の生産量を所与のパラメータとして，自企業の生産量とその利潤額の関係を示す曲線（利潤曲線）の勾配を求めるためである。式 (4.1) は，相手企業の生産量 q_2 の選択を相手に委ねたとき，企業 1 にとって利潤の最大化をもたらす q_1 の値を決める式である。同様なことは，式 (4.2) についても言える。別な言い方をすると，上の 2 つの方程式はいずれも，相手企業の任意の生産量の値に対する自企業の最適な生産量の値を示しており，これを（最適）反応関数とよぶ。

　以下では分析を簡単にするために，当該財に対する逆需要関数は

$$p = -\alpha q + \beta \qquad (\alpha, \beta > 0)$$

により表されるとしよう。また，各企業はすべて対称的 (symmetric) であり，$c(>0)$ を定数，q_i を第 i 企業 $(i = 1, 2)$ の生産量とすると，その費用関数が $c q_i$ により表されるとする。このとき，企業 i の利潤 π_i は

$$\pi_i = p q_i - c q_i = (\beta - \alpha(q_i + q_j))q_i - c q_i \qquad (i \neq j)$$

となり，利潤最大化条件 $\dfrac{\partial \pi_i}{\partial q_i} = 0$ から，企業 i の反応関数

$$q_i = \frac{\beta - \alpha q_j - c}{2\alpha} \qquad (i, j = 1, 2, \quad i \neq j)$$

が導かれる。

　図 4.1 は，企業 1 と企業 2 の反応関数をそれぞれ表している。これら 2 つの関数はともに右下がりに描かれている。つまり，一方の企業が生産量を増加させるとき，他方の企業にとって自己の生産量を減少させることが最適な反応になる。プレイヤー（企業）が 2 人存在するゲームにおいて，このよう

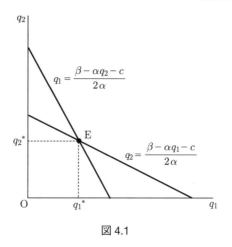

図 4.1

に 1 人のプレイヤーの活動レベルが増大するとき，他のプレイヤーのそれが減少する関係を戦略的代替性（strategic substitutability）という（詳しくは第 6 章を参照）。

図 4.1 において，両関数の交点 E は，企業 i と企業 j の反応関数を連立して解くことにより与えられ，企業 1 および企業 2 の生産量はともに，

$$q_1^* = q_2^* = \frac{\beta - c}{3\alpha}$$

となる。E 点においては，企業 1 が q_1^* を選択するとき，企業 2 は q_2^* を選択し，逆に企業 2 が q_2^* を選択していれば，企業 1 は q_1^* を選択することが最適になる。つまり，(q_1^*, q_2^*) という生産量の組み合わせはクールノー均衡（ナッシュ均衡）を構成する。

4.3 極限定理

クールノー・モデルを用いて，完全競争という仮定がもつ経済的意味を明らかにするために，極限定理（limit theorem）とよばれる定理について説明しよう。いま，クールノーが想定するようなある財の市場において，そこに存在する n 個の企業はすべて対称的（symmetric）であり，$c(>0)$ を定数，q_i

を第 i 企業の生産量とすると，その費用関数が cq_i により表されるとする。すなわち，

$$c = AC(\text{平均費用}) = MC(\text{限界費用})$$

である。一方，当市場の逆需要関数は，市場全体の需要量を q，市場価格を p とすると，

$$p = -\alpha q + \beta$$

という線形の形によって与えられるとしよう。このとき，$q = \sum_{i=1}^{n} q_i$ であるから，第 i 企業の利潤 π_i は，

$$\pi_i = (\beta - \alpha \sum_i q_i) q_i - c q_i \qquad (i = 1, \cdots, n)$$

によって示される。各企業は他の企業の生産量を所与として，自己利潤を最大化するようその生産量を決定するというクールノー・モデルの企業行動を仮定すると，その利潤最大化条件は，

$$\frac{\partial \pi_i}{\partial q_i} = 0, \qquad \text{すなわち，} \quad \beta - \alpha \sum_i q_i - \alpha q_i - c = 0$$

となる。ここで，シンメトリックの仮定によりすべての q_i は同一にならなければならないので，この値を q^* で表すと，

$$q^* = \frac{\beta - c}{(n+1)\alpha}$$

が得られる。市場における均衡価格は，この q^* を先の逆需要関数に代入することにより与えられる。これを計算してみると，

$$p = \frac{nc + \beta}{n+1}$$

となることがわかる。

次に，n の値が非常に大きくなったときに，均衡価格がどのように変化するかを見るためには，上式の分母，分子をそれぞれ n で除し，極限 $\lim_{n \to \infty}$ を計算すればよい。これを求めると，最終的に

$$p = c$$

という式が導かれる。つまり，企業が互いの相互依存関係を意識しながら自

己の意思決定を行っている，いわば戦略的関係にある寡占市場が，企業の数が増えることにより，その戦略性の度合いが薄れ，やがては完全競争の状態に至るのである。4.1節における完全競争の定義で示したように，完全競争の状態にある財市場では，「企業の数が極めて多く，個々の彼らの生産量に関する意思決定は市場価格に何ら影響を及ぼさない。つまり，企業にとって，価格は与件として与えられる」。以上の極限定理は，企業数が無限に多いということが，完全競争の概念を成立させるための重要な仮定であることを明らかにしてくれる。

4.4 ベルトラン・モデル

同質財市場におけるもう一つの代表的な寡占モデルとして，ベルトラン・モデルがある。クールノー・モデルでは，逆需要関数をもとに，各企業は生産量を選択し，その結果定まる市場全体の供給量から価格が決定されると想定されていた。これに対し，ベルトラン（Bertrand [1883]）は，各企業はそれぞれ自己の製品価格を選択し，その価格に応じて供給量が決められると考えた。すなわち，クールノー・モデルは数量を戦略変数とし，ベルトラン・モデルでは価格が戦略変数となる。

以下では議論をわかりやすくするために，同質財を生産する企業の数は 2 つ（複占）で，しかも，それらは定数 $c(>0)$ で表される同一の技術をもっているシンメトリックな状況を仮定しよう。図4.2において，$p = -\alpha q + \beta$ は市場全体の逆需要曲線，c は限界（＝平均）費用曲線を示している。

いま，企業1が p_1 という価格を付けているとしよう。このとき，企業2はそれより少しでも低い価格 p_2 を設定することにより，市場全体の需要を奪うことができる。つまり，価格 p_1 を所与とすれば，企業2にとって価格を引き下げることが最適な反応になる。同様なことは企業2にとっても言えることで，結局

$$p_1 = p_2 = c$$

が成立しない限り，いずれかの企業は価格を変化させる誘因をもつ。すでに明らかにしたように，相手企業の価格を所与としたもとで，各企業が自己の

4.4 ベルトラン・モデル

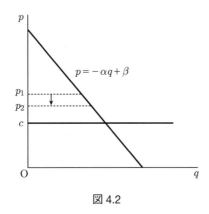

図 4.2

利潤を最大にするような価格を設定し，しかも各企業が自己の価格を改定する誘因をもたないような状況をナッシュ均衡と定義するならば，ベルトラン・モデルにおけるナッシュ均衡とは，$p_1 = p_2 = c$ が成立している状態に他ならない。

このように，市場構造がたとえ寡占的であっても，財が同質で，しかも企業がシンメトリックな技術をもつという仮定のもとでは，競争価格 c がもたらされ，利潤はゼロになる。こうした一見矛盾するような状態が成立することを，ここではベルトラン・パラドックスとよぶ。

ベルトラン・パラドックスは，新たな視点として，

(1) 生産能力あるいは在庫量の制約から生じる供給水準の上限，

(2) 製品の多様性と差別化

を考慮することにより解決できる。

まず(1)の問題を考えてみよう。かつて，エッジワース（Edgeworth [1897]）は企業の販売量に制約が存在する場合のベルトラン・モデルについて考察を加えた。いま市場には同質財を生産し，かつ限界費用がともに c である2つのシンメトリックな企業が存在し，いずれの企業も，生産能力の制約により，これ以上の供給はできないという供給水準 $\bar{q}_1, \bar{q}_2$ ($\bar{q}_1 = \bar{q}_2$) の制約があるとしよう。また，図 4.3 に示されるように，両企業の供給水準を合計した $\bar{q}_1 + \bar{q}_2$ は $p = c$ における市場全体の需要量 q_c を上回るが，$\bar{q}_1$ あるいは $\bar{q}_2$ 単独では q_c を下回るものとする。

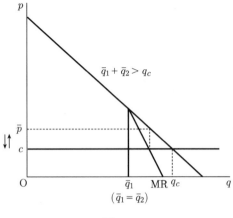

図 4.3

このとき，$p_1 = p_2 = c$ の状況はナッシュ均衡とはなり得ないことがわかる。なぜならば，企業1の価格が $p_1 = c$ なる水準に与えられているとき，企業1が供給できるのは $\bar{q}_1$ の範囲に限られているので，企業2がたとえ価格を引き上げても，そのすべての需要を失うわけではない。この場合，企業2にとって，残された需要量から計算される限界収入 MR と限界費用 c とが一致する生産量を生産できる価格水準 $\bar{p}$ まで価格を引き上げた方が，$p_2 = c$ を維持するよりも利潤が増大する。つまり，このようなケースでは，価格引き上げによる独占利潤の確保が可能になり，$p_1 = p_2 = c$ がナッシュ均衡ではないことがわかる。

では，企業2が $\bar{p}$ という価格を設定するとき，企業1の行動はどのようになるのであろうか。企業1にとっては $p_1 = c$ という価格よりは，企業2の価格水準 $\bar{p}$ よりわずかに低い価格を設定することが最適な行動になる。ここで詳しい議論は避けるが，このような状況においては，各企業は常に価格を現在の水準から変化させる誘引をもつ。つまり，価格はある範囲内における上下方向の運動を繰り返し，均衡が定まることはない。

以上のように均衡が存在しないようなケースの他に，通常の，プラスの利潤を伴うような均衡はここではないのであろうか。図4.4は $\bar{p} = p_1 = p_2 > c$ なる価格設定のもとで，各企業が産出能力いっぱいの $\bar{q}_1, \bar{q}_2$ を生産している

4.4 ベルトラン・モデル

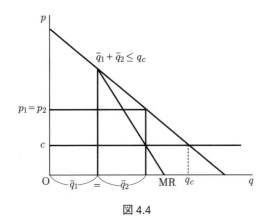

図 4.4

状態が均衡として成立するケースがあり得ることを示している。すなわち，図 4.4 で表されるような状況においては，$\bar{q}_1$, $\bar{q}_2$ の水準が十分に低く（$\bar{q}_1$ の水準は，$\bar{q}_2$ の値と需要曲線を構成するパラメータ α, β および c からなるある数値以下の値でなければならない），いずれの企業も相手企業の価格を所与としたもとで自企業の価格を切り下げても，収入の減少しかもたらされず，また，当該価格が利潤の最大化をもたらしているがゆえに，自企業価格を切り上げるインセンティブももたない。このような場合においては，

$$\bar{p}=p_1=p_2>c$$

が安定的な均衡状態として実現されるのである。

次に，(2)について考察してみることにしよう。いま，市場において製品が差別化された財を生産する企業が 2 つ存在し，ともに，上述のようなシンメトリックな技術をもっているとしよう。さらに，企業 i に対する需要量を q_i, 価格を p_i とすると，需要量 q_i は

$$q_i = -\alpha p_i + \beta p_j + \gamma \quad (i, j=1, 2, \ i \neq j), \quad \alpha, \beta, \gamma > 0$$

で示されるとしよう。上式は第 i 企業の製品に対する需要量が自己の価格だけでなく，他企業が付ける価格にも依存することを意味する。また，自企業製品の価格上昇はその需要量を減じるが，他企業製品価格の上昇は逆に当該企業の需要の増大をもたらすことが仮定されている。つまり同質財の場合には，他企業との同一価格からの価格引き上げは自己の製品の需要量をすべて

失うのに対し，製品差別化が行われているときには，価格引き上げは，それぞれの製品が有するブランド・ロイヤルティのために，一部の需要が失われるだけに終わる。ここで，企業 i は他企業製品の価格 p_j を所与として自己利潤

$$\pi_i = p_i q_i - c q_i = (p_i - c)(-\alpha p_i + \beta p_j + \gamma)$$

を最大化する p_i を選ぶとすると，$\frac{\partial \pi_i}{\partial p_i} = 0$ より，企業 i の反応関数

$$p_i = \frac{\beta p_j + \alpha c + \gamma}{2\alpha} \quad (i, j = 1, 2, \quad i \neq j)$$

が導かれる。

　図 4.5 において，p_i $(i=1, 2)$ で示される直線は，各企業の反応関数を表しており，p_i 水準の増加がライバル企業の p_j 水準 $(i, j = 1, 2, \ i \neq j)$ の同じような増加を引き起こすことがわかる。このことは，クールノー・モデルにおいて各企業の反応関数が右下がり，つまり戦略的代替性が成立したのとは対照的な結果であり，戦略的補完性 (strategic complementarity) が支配していることを示すものである (第 6 章を参照)。反応関数の交点 E は，どちらの企業にとっても，もはや価格を変化させる誘因がないという意味においてナッシュ均衡点になる。

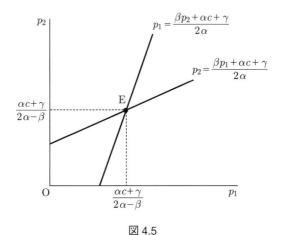

図 4.5

4.5 繰り返しゲームと暗黙の協調

　生産量をめぐっての競争を表すクールノー・モデル，あるいは価格に関する競争を記すベルトラン・モデルいずれのモデルの寡占市場においても，複数の企業が存在し，それらの間で生じる競争力のために，企業がもつことのできる独占力が弱められ利潤が低下することは，以上の議論で明らかにした通りである。こうした企業にとって不利な事態を取り除き，企業の独占力を最大限活かす試みが存在する。それは，一般に暗黙の共謀（implicit collusion）ないし暗黙の協調とよばれている行為である。つまり，寡占状態にある各企業が暗黙のうちに協力行動をとれば，そのような行動をとらなかった場合に比べ，それぞれの企業の利潤をより高めることができるのである。ここで"暗黙の"と名付けられているのは，もし企業が明示的にそのような行為に及べば，それはカルテルすなわち不当な取引制限とみなされ，日本では独占禁止法またアメリカでは反トラスト法に抵触するからである。

　以下では，暗黙の協調がどのような条件のもとで可能になるのか，数学による細かな分析は避け，ゲーム理論の手法を用いて簡単に説明してみよう。いま，単純化のために企業の数が２つである複占市場を仮定する。ここで，もし一回限りの意思決定（一回限りのゲーム）が行われるのであれば，そのゲームがクールノー・モデルであれ，もしくはベルトラン・モデルであれ，ナッシュ均衡が成立し，２つの企業（２人のプレイヤー）を合計した利潤は，彼らが両社の利潤の和を最大にするような共同利潤最大化行動をとった場合のそれと比較して低くなる。ここで何らかの暗黙の合意が成立し，ナッシュ均衡における各企業の利潤よりもより高い利潤をそれぞれ得ることができるような状況を想定してみよう。明確な共同行為は禁止されているので，協力に基づく利潤を各企業でどのように分配するかについての明示的な取り決めは不可能であるが，暗黙にこれがなされているとしよう。

　では，こうした協力行動を実現させるためにはどのような仕組みが必要であろうか。まず考えられるのは，協力行動を裏切ることにより多大な利得を得る可能性がある場合には，そうした行為をさせないような何らかの仕組みが組み込まれていなければならないということである。さもなければ，たと

え協調が成立したとしても，それは安定的とは言えない。

　また，もしゲームが一回限りで終了するのであれば，協力ではなく，ナッシュ均衡という結果が生じることは上述の通りである。では，ゲームが一回限りではなく，何回も繰り返し行われるとしたら，どのようになるのであろうか。同一のゲームを繰り返すことにより，過去に起こった好ましくない出来事を現在および将来の意思決定に活かすことができれば，好ましくない状態は改善されるであろう。しかし，実はこのようにゲームを繰り返してみても，それが有限回であれば，一回限りのゲームで生じたことが同じように起きる。その理由は以下のようなものである。まず，最後の期を第 n 期とし，そこでの意思決定を考察してみよう。最後の期にあたるので，もはやこれからゲームが行われることはない。したがって，一回限りのゲームにおいて生じたことと同様な結果がここでも生じる。次に第 $n-1$ 期を考えてみる。第 n 期の結果はわかっているので，これも一回限りのゲームと同じになる。あとは同様にしてゲームをさかのぼっていけば，結局すべての期においてナッシュ均衡が成立し，協調の不成立というジレンマから抜け出すことはできない（以上のような多期間にわたるゲームでは，後の期での均衡をまず確定し，次に，そのことを予想して各プレイヤーが前の期でとる最適な行動を考察する。こうした手法をバックワード・インダクション（backward induction），つまり後方からの推論による分析という）。

　そこで，2 人のプレイヤーにとって最後の期がない，つまり繰り返しが無限に続くとしたらどのような事態が生じるのであろうか。以下で，簡単な数値例を用い，これを明らかにしてみよう。ゲームの期間が無限大となるような長期的な関係で，プレイヤーの間に協力が維持されるためには，ゲームの構造にいわゆるアメとムチが必要とされることはこれまで述べた通りである。そこで，いま 2 人のプレイヤーがそれぞれ，第 1 期には協力するがそれ以降，相手が一度でも協力しなければ永久に非協力であり続けるというトリガー戦略をとるものとしよう。さらに，協力が続いている状況では，毎期 4 の利得が得られ，もし協力しなければ（裏切れば），当期は 5 という高い利得が得られるが，次回以降は，報復により 2 の利得しか得られないものとする。割引因子を σ（$0<\sigma<1$）とすると，協力が維持されているもとでは，

$$4 + 4\sigma + 4\sigma^2 + \cdots = \frac{4}{1-\sigma}$$

だけの現在価値が，また，非協力的な裏切り行動をとると，

$$5 + 2\sigma + 2\sigma^2 + \cdots = 5 + \frac{2\sigma}{1-\sigma}$$

の現在価値をそれぞれ得ることができる。したがって，協力が続いているときに協力し続けることが最適反応となるためには，

$$5 + \frac{2\sigma}{1-\sigma} \leq \frac{4}{1-\sigma}$$

が成立していなければならない。これを解くと，割引因子 σ が 1/3 以上であれば協力が維持されているとき，それを裏切っても利得を高めることはできないことがわかる。こうして，相手がトリガー戦略をとる限り，自分もトリガー戦略をとることが有利となり，トリガー戦略がナッシュ均衡になる。つまり，互いのトリガー戦略が，2 人のプレイヤーからなる社会を好ましい状態に導くのである。

しかし，繰り返しゲーム (repeated game) では，互いに初めから非協力的な行動をとる戦略の組み合わせも均衡を構成し，協力が実現できるもの，あるいはできないものなど数多くの均衡が存在することが明らかにされている（これをフォーク定理とよぶ）。

また，これ以外にも暗黙の協調の成立を阻害する要因がいくつか存在することを指摘しておかなければならない。まず，以上の議論では，寡占市場における参加企業（プレイヤー）の行動が完全に観察できることが前提にされている。しかし，もし情報が不完全であれば，需要変動など外生的ショックとライバル企業の裏切り行動とを区別できない可能性が出てくる。さらに，ここでは簡単化のために，2 人のプレイヤー間のゲーム（複占市場）を考えたが，プレイヤーの数が多くなるに従って，誰が非協力的な行動をとっているのかそれを見極めることが困難になり，このことが協力を維持しにくくさせるのである。

4.6 独占的競争

　製品が差別化されている市場では，価格以外にも，品質，デザイン，広告，あるいはアフター・サービスをはじめとする様々な付加的なサービスをめぐり，競争が繰り広げられている。独占的競争（monopolistic competition）とは，各企業が，そのブランド・ロイヤルティのために独占力をもつが，同時に多数の同じような製品を生産するライバル企業の存在により，極めて競争的な状態にある市場のことを意味する。例えば，レストランの市場ではどの店も同一の料理を提供しているわけではなく，その種類や価格も様々である。また，パソコンを生産しているメーカーは世界に多数存在するが，これらメーカーのパソコンは性能や価格にあまり差異はなく，むしろデザインなどで他社との差別化をはかっている。このような独占的競争とよばれる市場構造を考察したチェンバリン（Chamberlin [1933]）は，そこでの市場均衡を次のような特徴をもつ状態として定義した。

(1)　各企業は製品差別化に基づき，自己の製品に対し価格支配力をもつ。そして，こうした独占力から生じる右下がりの需要曲線をもとに利潤を最大化する価格と生産量を選ぶ。

(2)　市場は多数の企業から構成され，個々の企業は自己の行動が他企業に与える影響を無視して，その意思決定を行う。

(3)　市場への参入は自由であり，各企業の利潤がゼロになるまで新たな企業が参入する。そして，こうした参入の結果，個々の企業が直面する需要曲線は左へシフトし，利潤が最大化されているにもかかわらず，その利潤がゼロとなるような状態がもたらされる。

　(1)は寡占市場と同一の条件であるが，他の条件は独占的競争特有のものであり，その結果，市場均衡はかなり異なってくる。このことを明らかにするために，以上の性質をもつ独占的競争均衡を図示し，参入を考慮した完全競争均衡と比べて非効率的となることを明らかにしよう。図4.6において，MR（限界収入）曲線とMC（限界費用）曲線が交わり，かつ，その点に対応するp（価格）とq（生産量）がちょうどAC（平均費用）曲線とAB曲線（需要曲線）

4.6 独占的競争

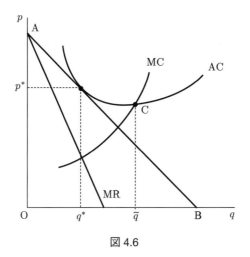

図 4.6

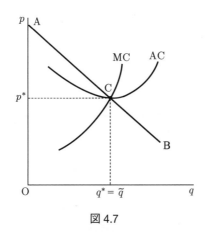

図 4.7

が接する点になっている (p^*, q^*) が独占的競争均衡を示す点になる。なぜならば，(p^*, q^*) において，利潤が最大化される ($MR=MC$) と同時に，その利潤がゼロ ($p=AC$) となっているからである。もし，利潤を最大化する需要曲線上の点 (p, q) において，$p>AC$ が成立すれば，プラスの利潤がもたらされ，新たな参入が生じる。その結果，需要曲線は左にシフトし，最終的には (p^*, q^*) が成立することになる。

これに対し，図 4.7 は，自由参入が行われた場合の完全競争均衡のあり方

を示している。AB 曲線（需要曲線）上の点 C, つまり (p^*, q^*) において, 価格を所与とした利潤最大化条件 $p^* = MC$ が成り立っている。しかも, 利潤がプラスであれば参入が生じ, その結果 $p^* = AC$ がもたらされるまで価格は下がり続ける。

　図 4.6, 図 4.7 はともに, (p^*, q^*) を均衡点とするものであるが, 効率上の点で異なった性質をもっている。図 4.6 においては, q^* は最小の AC を与える生産量 $\bar{q}$ より小さい値となるが, 図 4.7 では, q^* は $\bar{q}$ とちょうど等しくなる。このことは, 独占的競争あるいは完全競争どちらも企業の数が非常に多いことを前提にしながら, 製品差別化が行われている独占的競争では, 製品差別化に付随する独占力のゆえに, 完全競争に比べて生産効率が劣るような状態がもたらされることを明らかにしている。

5
製品差別化と競争

　一口に製品と言っても，市場には多種多様な製品があふれている。しかし，それらは大きく分けて2つの異なった種類の特性によって表すことができる。まず一つは，すべての消費者が同一の座標軸で評価するような特性があげられる。例えば，同じ種類の製品でありながら，あるものは丈夫で長持ちするが，別のものはすぐに壊れたりする。製品にまつわるこうした特性のことを一般に品質とよぶ。そして，製品間に多様な品質が観察されるとき，垂直的差別化 (vertical differentiation) が行われていると表現する。こうした垂直的差別化のもとでは，価格が同じである限り，すべての消費者は品質の高い製品を購入する。

　一方，製品が同じようなものであっても，色やデザインなどの特性について消費者が選好をもつとき，そのような製品特性をバラエティとよぶ。例えば自動車産業において，同一クラスのセダンと言っても，トヨタと日産あるいはホンダでは，消費者によって様々な好みが存在するであろう。このように製品のバラエティをめぐり多様化することを，水平的差別化 (horizontal differentiation) が行われているという。

　以下において，品質とバラエティをめぐる独占企業の製品政策，さらに企業間の競争について，いくつかのトピックスを取り上げ，それについて説明していこう。

5.1 企業による製品品質の選択と消費者行動

いま,異なった品質の製品が生産可能なある独占企業の行動を考察する。品質 q の製品に要する費用を図 5.1 の $C(q)$ で表し,生産量から独立に定まるものとしよう。次に,品質 q に関する評価が異なる 2 つのタイプの消費者 α ならびに β を仮定し,その留保価格 (reservation price) をそれぞれ $\alpha q, \beta q$ ($\alpha > \beta > 0$) で示すことにする。ここで留保価格とは,消費者が追加的にもう一単位購入するのに支払ってもよいと考える最高価格のことである。また,当該企業は二種類のタイプの消費者が存在することは知っていても,個々の消費者がどちらのタイプに属するかは知らないとしよう。このとき,企業にとって最も利潤を大きくする製品の選択は,図の A と C により与えられる。なぜなら,留保価格そのものを企業の売値とするのが最適な政策であり,α タイプには $q = q_\alpha^*$,β タイプには $q = q_\beta^*$ を提供することで,それぞれの消費者から得られる利潤 $\alpha q - C(q)$ および $\beta q - C(q)$ の最大化,さらには企業全体の利潤の最大化もはかることができるからである。AB と CD はこうした最大化された利潤の大きさを示している。

しかし,企業にとっては好ましいこうした製品選択も,消費者の自己選択行動を考えると,必ずしも実現可能とは言えない。α タイプは A から C に

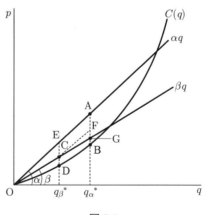

図 5.1

5.2 製品特性の選択とホテリングの最小差別化定理　　　　　　　　　　　　　　47

その選択を変えることで，余剰ゼロの状態から余剰 EC へと自己の取り分を増加させることができるからである。こうした点を考慮して，企業は品質 q_a の製品に F の価格を付ければ，α タイプにとって C と F は無差別になる（EA と CF は平行に描かれている）。このような場合，消費者はより品質の高い製品の方を選択すると仮定すれば，再び α タイプの選択を C から F に戻すことができる。また，α タイプが C を選択すれば，企業利潤は CD であるが，F に変えることにより FB に変化し，その結果企業にとって利潤は増大する（FB＞CD）。

　では，C ならびに F が最終的な製品選択の点になるのであろうか。実はそうとは言えない。β タイプに提供する品質を $q_\beta{}^*$ よりもわずかに劣化させることで β タイプへの販売から得られる利潤は減少するが，α タイプには高い価格を設定することができるので，結果として全体の利潤をより大きくすることができる。したがって，

$$q_a = q_a{}^*, \qquad q_\beta < q_\beta{}^*$$

を満たす (q_a, q_β) を選択することが企業にとって最適な行動になる。以上の考察から，$C(q)$ の性質と α，β の大きさ，そしてその相対的な関係次第で様々な均衡状態がもたらされる可能性があるということが示される。

　最後に，消費者余剰と生産者余剰（利潤額）を足し合わせた全体余剰は，α タイプに価格 p_a，β タイプに価格 p_β を課すものとすると，

$$(\alpha q_a - p_a) + (p_a - C(q_a)) + (\beta q_\beta - p_\beta) + (p_\beta - C(q_\beta))$$
$$= (\alpha q_a - C(q_a)) + (\beta q_\beta - C(q_\beta))$$

で示されるので，この値を最大化するのは，先の図 5.1 における A と C である。したがって，こうした独占企業の品質選択は，消費者の自己選択行動の結果，社会的な最適条件から乖離する可能性があるということを指摘しておこう。

5.2　製品特性の選択とホテリングの最小差別化定理

　製品の色やデザインなどといった製品特性に対する消費者の嗜好がそれぞれ異なるとき，それらを提供する企業間の競争はどのような結果を導くので

あろうか。こうした問題を分析した古典的な論文がホテリング (Hotelling [1929]) のモデルである。彼のモデルはもともと立地論に関するものであるが，これを水平的差別化がはかられている場合の製品特性の選択モデルとして解釈することができる。モデルは次のようなものである。市場に同種の製品を販売する2つの企業が存在するとしよう。この製品に関して各消費者の最も好む製品特性が各消費者間で異なっており，それが $[0, 1]$ 区間上で一様に分布しているものとする。このように，自分の好む製品特性が異なる消費者が，線分上に分布している状況を線分市場という。いま，それぞれの企業はこの区間上の任意の点(製品特性)を費用ゼロで選択することができるとしよう。ここでは，価格選択の問題を避けるために，各企業が製品に付ける価格は同一であるとする。このとき，消費者は自己の好みに近い方の製品を購入する。

さて，図 5.2 のように，$[0, 1]$ 区間上で第 1 企業が A を，第 2 企業が B をそれぞれ選んだとしよう。AB 上の中点 E より左に好みの製品特性をもつ消

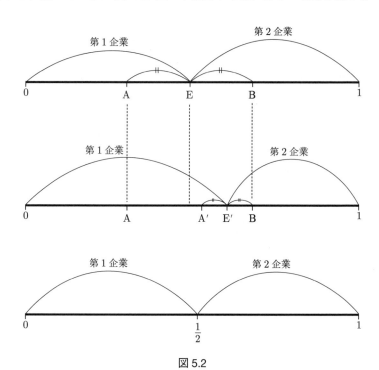

図 5.2

費者は第1企業の製品を購入し，右に好みの製品特性をもつ消費者は第2企業の製品を購入する。このとき，第1企業は第2企業の特性Bを所与として自己の特性をAからA′に変えることによって，Eに比べ右に位置するE′へと臨界点を移すことができ，より多くの消費者を獲得することが可能になる。一方，第2企業は第1企業の特性A′を所与とすれば，Bから左方に製品特性を変更することで，これまでより多い消費者数を獲得できる。以上のプロセスを通じて，各企業の製品特性は徐々に近づき，最終的にはともに1/2の特性を選択する状態が均衡になる。つまり，相手の戦略を所与としたとき，どちらの企業（プレイヤー）も戦略を変化させるインセンティブがない，いわゆるナッシュ均衡が1/2の特性のところでもたらされるのである。

以上の議論を要約すると，(1)企業数が2である，(2)各消費者の好む製品特性が $[0, 1]$ 区間という線分区間上で市場に一様に分布している，(3)価格競争を無視する，というかなりきつい条件のもとでは，製品の水平的差別化が生じない，つまり差別化は最小化されるという結果が導き出せることになる。ホテリングによるこの定理は，単に産業組織上の現象だけでなく，様々な現実を説明するのに有用である。例えば，車のディーラーが同じような場所に立地していること，2大政党が選挙民の得票を広く集めようとした結果，同じような公約に落ち着くこと，各テレビ局が同じような番組を放送していることなどは，この最小差別化定理によって明らかにされるのである。

最後に，以上の考察において，そこで仮定された条件(1)と(2)をより一般的なものに変えると，その結論はどのようになるのであろうか。まず，2企業ではなく3企業間の競争に広げてみると，先の分析と同様な手続きを踏むことにより，1/2で示される安定的なナッシュ均衡はもはや得られないことがわかる。そこでは，解は常に変化し続ける。

次に，$[0, 1]$ 区間の線分市場モデルを0, 1のような端点をもたず，それぞれの特性から徐々に離れていくと，またもとの特性に戻るような円環型の市場（図5.3）を想定してみよう。こうした円環市場がいかなるものかについてはなかなかイメージしにくいが，例えば商品に対する色の好みなど，赤から遠ざかるにつれ，また赤に戻ってくるような特性を考えればよい。さらに，車の種類を見ても，ハイブリッド，ミニバン，コンパクト，セダン，スポー

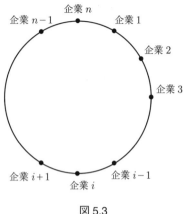

図 5.3

ツ，SUV など，どれかが両端にあるというよりは，むしろそれぞれが円環型の等距離にあると考えた方が自然である．このような円環市場では，線分市場とは異なり端点をもたない．また，各企業は自己の製品特性に近接した両隣の企業と競争関係におかれる．そして，自己の製品特性を右(左)隣の製品特性をもつ企業から遠ざけようとすると，今度は逆に左(右)隣りの企業の製品特性に近づけることになる．

このような特性をもつ市場を考えてみた場合，そこでの複数企業間の競争は，それぞれの企業の製品特性を等間隔に配置するであろうことが線分市場における考察から明らかである．むしろそこでの興味は，特性の配置のあり方ではなく，特性と対になる価格決定の問題であろう．

いま，議論を簡単にするために，所与なる等間隔の特性選択とシンメトリックな企業の存在を仮定すると，そこでは各企業に利潤最大化をもたらす共通の価格水準がユニークに定まることがわかっている (詳しくは Salop [1979] を参照)．

一般的に，企業間の製品特性がよく似てくると，企業は顧客を獲得するために価格競争を始めることが多い．その結果については，先のベルトラン・パラドックスが示す通りである．そしてこうした価格競争が激しさを増すとき，今度は逆に各企業は競争を緩和する手段として自己の製品の差別化をはかろうとする．このように複数の企業が製品特性だけでなく，価格決定も含

5.3 線分モデルにおける製品特性と価格決定　　　　　　　　　　　　　51

めて競争する場合，そのモデルはかなり複雑になることがわかる。そこで以下において，厳密な分析は省略するとして，大まかなフレームワークとそこから得られるいくつかの結果を明らかにしておこう。

5.3　線分モデルにおける製品特性と価格決定

　いま 2 つのシンメトリックな企業が $[0, 1]$ 区間の中に製品特性 x_1, x_2 を選択し（企業 1 は 0 から x_1 ($\leq 1/2$) の距離に製品特性を選択し，企業 2 は 1 から x_2 ($\leq 1/2$) の距離に製品特性を選択すると仮定する），その後，各製品価格 p_1, p_2 を決定するとしよう。この想定は，特性を決めるためにはまず設備など長期的な意思決定が行われなければならず，ついで価格など短期にかかわる意思決定がなされると考えるのが適切であるからである。

　一方，消費者は，（各企業の製品価格）＋（各企業の特性と自己の欲する特性とのズレ）によって当該企業の製品から得られる不効用を金額評価し，この値ができるだけ少ない企業から製品を購入すると仮定する。この場合，不効用をどのような形で定式化するかが問題になるが，いま消費者の望む特性を x^* とすると，第 1 企業の製品および第 2 企業の製品から得る不効用が，それぞれ

$$p_1 + t|x^* - x_1|, \qquad p_2 + t|x^* - (1 - x_2)|$$

によって示されることにしよう（ここで $t > 0$ は，ズレの重要度を示すパラメータである）。さらに，消費者は，それぞれが設定する留保価格からこの不効用を差し引いた消費者余剰がプラスの場合のみ製品を購入するものとすると，いずれの企業からも購入しない消費者が出てくる可能性が生じる。ここでは，各消費者の留保価格はすべての消費者がカバーされるのに十分に高いことを前提としよう。

　このような状況のもとで，企業の製品特性の選択（第 1 段階の意思決定）ならびに価格決定（第 2 段階の意思決定）はどのように行われるのであろうか。ここでは，次の 2 つの条件が満たされる状況を考えてみよう。

　(1)　価格決定（第 2 段階の意思決定）がなされるのは，すでに特性選択（第 1 段階の意思決定）が行われた後であり，前者の意思決定は後者の選択

によって影響を受ける。

(2)　特性選択においてもあるいは価格決定においても，それぞれの企業は相手企業の意思決定を所与として自己の利潤を最大化していなければならない。さらに，相手企業の意思決定に対して，2つのいずれの企業も自己の意思決定を変えるインセンティブをもたない。

つまり，各企業のそれぞれの段階での意思決定において，ナッシュ均衡の要件が満たされる必要がある。このように複雑な構造をもった意思決定問題を解くためには，2段階ゲームとよばれる手法が必要になる。以下では，企業による特性選択と価格決定という問題について要点のみを明らかにしておく（一般的な説明は第7章に譲る）。

まず，すでに各企業の製品特性が与えられているものとして，つまり長期的な意思決定がすでになされているとして，線分市場をめぐる第1企業と第2企業の価格競争について考察しなければならない。細かな分析手順は省き，その結果のみを記すと，次の2つがあり得る[1]。

(1)　両企業がともに同一の特性を選択している場合には，ベルトラン競争が行われ，両企業の価格はコストに等しくなる。

(2)　異なった特性が選択されているときは，x_1 と x_2 の相対的位置関係により，ナッシュ均衡が存在するケースとそれが存在しない2つのケースに分けることができる。

以上の議論は，与えられた各企業の特性に対し，均衡価格が自ずから定まることを意味する。つまり各企業価格は，それぞれの企業が特性を選択すればその値に応じて自動的に決まり，その意味において各企業の特性に依存した変数になる。残る問題は，こうした企業特性が再びナッシュ均衡を満たす形でどのように決定されるかである。

そこでまず，以上の(1)という結果が得られた場合を考察すると，(1)の状

---

[1] 一連の結果を得るためには，いくつかの条件に分けての分析と，そのための複雑な計算手続きが必要である。詳しくは，d'Aspremont, Gabszewicz, Thisse［1979］，丸山・成生［1997］を参照。

5.3 線分モデルにおける製品特性と価格決定　　　　　　　　　　53

況が決して均衡とはならないことがわかる。なぜならば，各企業は再度自己の特性を他企業のそれから引き離し，価格を，コストを上回るある適当な値に定めることにより，その利潤をプラスにすることができるからである。したがって，2つの企業が同一の特性を選択している状況は均衡とは言えない。

　次に，(2) が成立し，しかもナッシュ均衡が存在するケースの場合にはどうであろうか。実は，このようなケースは各企業の製品特性が十分に離れている場合に生じる。しかし，そこでナッシュ均衡の条件を調べてみると，逆にそれぞれの企業はその製品特性を線分市場の中心に向けて大きくすることにより，利潤の増大をはかることができる。したがって，ホテリングの最小差別化定理がそこでは導かれる。そして，先に明らかにしたように，各特性が同じようなものになると，今度は値引き競争が行われるために，各企業の価格決定においてナッシュ均衡が存在しなくなる。つまり (2) のケースにおいてもナッシュ均衡は存在しないということが確かめられる。

　これまでの議論を要約すると，線分市場において，特性選択と価格決定という2つの局面において各企業がともに競争するときには，ナッシュ均衡が存在しないことが明らかになった。

6

戦略的補完性と協調ゲーム

　現代の経済が高い生産性を保っていられるのは，市場において，役割や機能の特殊化とそれに伴い必然的に生じる協業と相互補完の関係があるからである。数あるゲームの中でも，経済システムがもつこうした特徴を，戦略的補完性という概念を用いて分析するのが協調ゲームとよばれるゲームである（協調（coordination）と協力（cooperation）とは異なった概念である。ここでコーディネイトとは"服装をコーディネイトする"という意味と同様に用いられる）。本章では，協調ゲームとそこにおける均衡選択という問題について考察してみよう（Cooper & John[1988], Cooper[1999]）。

6.1　戦略的補完性および戦略的代替性

　市場（産業）に複数の企業が存在するとき，各企業の意思決定は互いに影響し合う。各企業は他の企業がどのように意思決定し，その結果，市場がどのような状態にあるかを見極めながら慎重に自己の意思決定を行う。ゲーム理論が想定するこうした状況において，各自の意思決定は他者の意思決定にいかなる影響を与えるのであろうか。産業組織論における意思決定には，通常，生産量，価格，製品の質，あるいは工場設備や研究開発への投資量など様々な経済変数が考えられるが，ここでは一般的にその値を x_i で示すことにしよう。また単純化のために，市場には 2 つの企業（プレイヤー）が生産を行い，第 i 企業は第 j 企業（$i, j = 1, 2,\ \ i \neq j$）の x_j を，自己のコントロール

6.1 戦略的補完性および戦略的代替性 55

が及ばず与えられたものとして，企業利潤 π^i が最大になるように意思決定をするものと仮定する。

いま，この関係を $\pi^i = \pi^i(x_i, x_j)$ によって表すと，第1企業，第2企業の利潤最大化条件は，それぞれ

$$\frac{\partial \pi^1}{\partial x_1} = 0 \tag{6.1}$$

$$\frac{\partial \pi^2}{\partial x_2} = 0 \tag{6.2}$$

で示される。式 (6.1) は x_2 が所与のもとで x_1 の最適水準 x_1^* を与える方程式であり，これを任意の x_2 に拡張した場合のこうした x_1^* と x_2 の関係を $x_1^* = x_1^*(x_2)$ で表すことにしよう。この関係を第1企業の第2企業に対する反応関数とよぶ（第4章の4.2節）。同様なことは，式 (6.2) から導かれる $x_2^* = x_2^*(x_1)$ についても言える。

次に，この反応関数の性質について考察してみることにしよう（ここでは反応関数 x_1^* を取り上げるが，x_2^* についても同じ議論が成り立つ）。まず，分析を進めるために，以下で4つの概念について定義を与えておく。ただし，表記を簡単にするために，

$$\frac{\partial \pi^1}{\partial x_1} \text{を} \pi_1^1, \quad \frac{\partial \pi^1}{\partial x_2} \text{を} \pi_2^1, \quad \frac{\partial}{\partial x_1}\left(\frac{\partial \pi^1}{\partial x_1}\right) \text{を} \pi_{11}^1, \quad \frac{\partial}{\partial x_2}\left(\frac{\partial \pi^1}{\partial x_1}\right) \text{を} \pi_{12}^1$$

と書き，$\pi_1^1 > 0$ かつ $\pi_{11}^1 < 0$，つまり利潤関数が x_1 に関して凹関数であることを仮定する。また，π^1 は x_1 と x_2 の関数なので，π_1^1，π_2^1，π_{12}^1 も同様に x_1 と x_2 の関数となり，これをそれぞれ $\pi_1^1(x_1, x_2)$，$\pi_2^1(x_1, x_2)$，$\pi_{12}^1(x_1, x_2)$ で示す。

定義 ─────────────────────

ゲーム（市場をめぐる競争）には，次のそれぞれの関係がある。

（ⅰ） $\pi_{12}^1(x_1, x_2) < 0$ ならば，戦略的代替性 (strategic substitutability) である。

（ⅱ） $\pi_{12}^1(x_1, x_2) > 0$ ならば，戦略的補完性 (strategic complementarity) である。

(iii) $\pi_2^1(x_1, x_2) < 0$ ならば，負のスピルオーバー (negative spillovers) である。

(iv) $\pi_2^1(x_1, x_2) > 0$ ならば，正のスピルオーバー (positive spillovers) である。

上式から推察されるように，戦略的代替性(戦略的補完性)とは第2企業の行動の強化が第1企業の行動の限界利潤を低め(高め)，その結果，第1企業の行動を弱める(強める)ような状況を示している。また，負のスピルオーバー(正のスピルオーバー)は，第2企業の行動の強化が第1企業の利潤そのものを低める(高める)効果をもつことを意味するものである。

さて，以上の定義のもとに，次のことを述べることができる。

(命題1) 戦略的代替性(戦略的補完性)の関係にあるゲームでは，x_2 を縦軸，x_1 を横軸にとると，反応関数 $x_1^* = x_1^*(x_2)$ は右下(上)がりの曲線になる。

これを調べてみるためには，例えば，図6.1と図6.2において，x_2 を $\bar{x}_2$ から $\bar{\bar{x}}_2$ へと増加させたときに，π^1 の形がどう変化するかを見ればよい。も

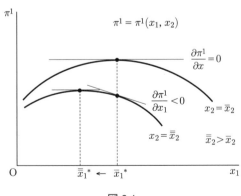

図 6.1

6.1 戦略的補完性および戦略的代替性

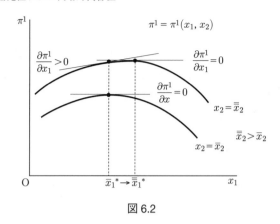

図 6.2

し $\frac{\partial}{\partial x_2}\left(\frac{\partial \pi^1}{\partial x_1}\right) < 0$ が成り立てば，x_2 の増大により，各 x_1 に対応する π^1 の接線の傾きがより小さくなることになり，それまで接線の傾きを 0 にした x_1^* の値が $\bar{x}_1^*$ から $\bar{\bar{x}}_1^*$ に移動する．要約すれば，x_2 が増大すると，利潤最大化をもたらす x_1 の値は小さくなる．また，もし $\frac{\partial}{\partial x_2}\left(\frac{\partial \pi^1}{\partial x_1}\right) > 0$ であれば，x_2 が増大すると，利潤最大化をもたらす x_1 の値は逆に大きくなる．

以上の議論をより厳密に示すこともできる．すなわち，$\pi_1^1(x_1^*(x_2), x_2) = 0$ より $\frac{d_1 x_1^*}{dx_2} = -\frac{\pi_{12}^1}{\pi_{11}^1}$ が導かれるが，$\pi_{11}^1 < 0$ なので，命題 1 に示すような結果を得ることができるのである．

図 6.3 と図 6.4 は，各企業がそれぞれ戦略的代替性と戦略的補完性の関係にある場合の反応曲線を表している．また，交点 E は各プレイヤーの戦略 x_i^* が，他のプレイヤーの戦略 x_j^* $(i, j = 1, 2, i \neq j)$ を与えられたものとすると，互いに最適な反応になっている状態であり，ナッシュ均衡点となる．

そこで，以下において，戦略的代替性ないし戦略的補完性あるいは正，負のスピルオーバーという概念が，ナッシュ均衡にどのような性質を与えるかについて，もう少し詳しく考察してみることにしよう．まず議論を簡潔にするために，市場には n 個のシンメトリック (symmetric) な企業が存在し，

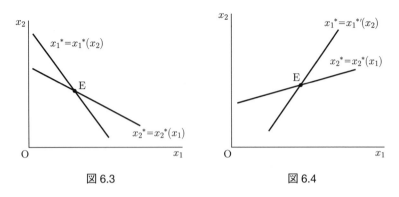

図 6.3　　　　　　　　図 6.4

経済変数 x_i ($i=1, 2, \cdots, n$) をめぐり互いに競争しているものとする。ここでシンメトリックを仮定するのは，この仮定のもとでは，均衡においてすべての x_i がある等しい値になるはずであり，このことが分析を容易にしてくれるからである。また，企業 i が x_i を選び，i を除くすべての企業が同一の x を選んだ場合の企業 i の利潤を $\pi(x_i, x)$，反応関数を $x_i^*(x)$ で示そう。このとき，次のような2つの均衡概念を定義することができる。

定義

（v）$\pi_1(x, x) = 0$ すなわち $x_i^*(x) = x$ を満たす x の値をシンメトリック・ナッシュ均衡 (symmetric Nash equilibria: SNE) と定義する。

つまり，他のすべての企業が同一の x を選択している場合，自己も同じ x を選択することが最適な状態を SNE とよぶ。

定義

（vi）$\dfrac{d\pi(x, x)}{dx} = 0$ つまり $\pi_1(x, x) + \pi_2(x, x) = 0$ （合成関数の微分により当式が導かれる）を満たす x の値をシンメトリック協力均衡 (symmetric cooperative equilibria: SCE) と定義する。

言い換えれば，SCE は各企業の利潤が最大になるように，すべての企業が互いに協力し合うパレート最適な状態を示している。

6.1 戦略的補完性および戦略的代替性

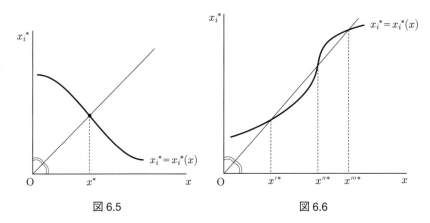

図 6.5　　　　　　　　　　図 6.6

以上の準備のもとに，次のようないくつかの命題を得ることができる。

（命題 2）　企業間の競争が戦略的代替性の関係にあるならば，そこでの SNE は単一（ユニーク）に定まる。

（命題 3）　複数の SNE が存在するための必要条件は，企業間の競争が戦略的補完性の関係にあることである。

この 2 つの命題については，命題 1 および図 6.5，図 6.6 から明らかである。図 6.5 では x^* が，図 6.6 では x'^*, x''^*, x'''^* がそれぞれ SNE を満たす点になる。

（命題 4）　SNE の条件を満たす x が，負ないし正のスピルオーバーという性質をもつとすれば，その x は SCE ではない。

なぜならば，$\pi_1(x,x)=0$ および，$\pi_2(x,x)<0$ あるいは $\pi_2(x,x)>0$ であれば $\dfrac{d\pi(x,x)}{dx}\neq 0$ となり，SCE の条件が満たされないからである。この命題は，もし各企業が自己の利潤の最大化のみに関心を払い，非協力的に行動するな

らば，その結果は企業にとって最適な状態をもたらすことはないことを明らかにしている。

（命題5）　複数の SNE が存在し，また市場におけるゲーム全体で正のスピルオーバーが成立しているとしよう。このとき，SNE の各均衡はパレートの意味で順序付けることができ，より活発な行動（より大きい x）を伴った均衡の方がより好ましい結果を生む。

これは次のように論証できる。$\dfrac{d\pi(x_i^*(x), x)}{dx}$ を計算すると，

$$\frac{d\pi(x_i^*(x), x)}{dx} = \pi_1(x_i^*(x), x)\frac{dx_i^*}{dx} + \pi_2(x_i^*(x), x)\frac{dx}{dx}$$

$$= \pi_1(x_i^*(x), x)\frac{dx_i^*}{dx} + \pi_2(x_i^*(x), x)$$

が導かれるが，反応関数 $x_i^*(x)$ 上では，x の動きに対し常に $\pi_1(x_i^*, x) = 0$ が成立するように x_i^* は変化するので，

$$\frac{d\pi(x_i^*, x)}{dx} = \pi_2(x_i^*, x) > 0$$

となり，x の値が大きくなればなるほど利潤額 $\pi(x_i^*, x)$ は増加する。SNE は反応関数と 45 度線が交わった点になるので，図 6.6 に示されるように，x'^* より x''^* の方が，さらに x''^* より x'''^* の方が高い利潤額を実現することがわかる。

　命題5 は，複数のナッシュ均衡が存在するとき，それらの間でパレート的な順序付けが可能となる条件を示している。こうした特徴をもったゲームを一般に，協調ゲーム（coordination game）とよぶ。このゲームは，ある均衡が他の均衡より各企業にとって好ましくないにもかかわらず，一度その均衡がもたらされると，それがナッシュ均衡であるがゆえに，もはやその状態から抜け出すことができないことを明らかにしている。このような事態が生じているとき，協調の失敗（coordination failure）が成立しているという。

6.2 協調ゲームにおける均衡選択

本節では改めて協調ゲームと，そこにおける均衡選択という問題について
考察してみよう。

6.2.1 協調ゲーム

いま，クーパー（Cooper［1999］）による次のような例を考えてみよう。ある生産プロセスに2人のプレイヤーとともに参加し，生産活動を提供しているとしよう。プレイヤー i の消費と努力の水準をそれぞれ c_i, e_i とすると，その利得は $2c_i - e_i$ で示されるものとする。さらに，$c_i = \min\{e_1, e_2\}$, $e_i \in \{1, 2\}$ $(i = 1, 2)$ を仮定する。つまり，あるプレイヤーがたとえ自己の努力水準を引き上げても，他のプレイヤーの努力水準が低ければ，全体としての生産水準は低く，その結果消費も低い水準にとどまると考えるのである。そこで，各プレイヤーの努力水準とそこでもたらされる利得の関係を，図6.7で示される利得行列によって表してみよう。ただし，図において，縦はプレイヤー1の行動を，横はプレイヤー2の行動を示している。そして，そのそれぞれの行動とその結果生じる利得の関係が利得行列（カッコ内の左はプレイヤー1の利得，右はプレイヤー2の利得を示す）の形で記されている。利得行列を用いてのゲームの表現方法を，ゲーム理論では標準形ないし戦略形ゲーム表現とよぶ（川又［2012］）。

すでに第4章で考察したように，ナッシュ均衡とは，すべてのプレイヤーにとって自分一人のみが戦略（行動）を変えてみても何ら得をすることがで

プレイヤー2 プレイヤー1	1	2
1	(1, 1)	(1, 0)
2	(0, 1)	(2, 2)

図6.7

きない戦略の組のことである。いま，このナッシュ均衡という概念を図6.7にあてはめてみると，ナッシュ均衡を構成するのは，各プレイヤーの利得が$(1,1)$か$(2,2)$になる場合である。そして明らかに$(2,2)$の方がパレートの意味で優れている。このように，複数のナッシュ均衡の存在とそれらの間でパレート的順序付けが可能であるときに，このようなゲームを協調ゲームとよぶ。以上の協調ゲームにおいて，ひとたび$(1,1)$という結果がもたらされると，それがナッシュ均衡であるために，そこから$(2,2)$の状態に移行することは不可能になる。このような状態を協調の失敗という。

　ゲームにこのような性質を与えているのは，実は各プレイヤーの戦略間に見られる戦略的補完性と正のスピルオーバーの関係である。戦略的補完性とは，あるプレイヤーの活動水準の増大が他のプレイヤーの活動の限界利得を高めることであることは先に述べた。ここでも，例えば，プレイヤー1がその努力水準を1から2へ変化させることにより得られる限界利得は，プレイヤー2がその努力水準を1から2に引き上げることにより，-1から$+1$に増加することがわかる。また，正のスピルオーバーは，あるプレイヤーの活動水準が増加するときに，他のプレイヤーの利得自体が増加することを意味するが，これが満たされていることも明らかであろう。

6.2.2　均 衡 選 択

　協調ゲームには均衡が複数存在する。では，いったいどの均衡が選択される可能性があるのだろうか。例えば，両プレイヤーがともに努力水準2を選べば，それぞれのプレイヤーにとって利得の観点からは好ましい状態が実現できる。しかし，努力水準2を選択していると，もし相手プレイヤーが2ではなく1を選択すれば，その利得は2から0へと大幅に減少してしまうことになる。これに対して，もし両プレイヤーが努力水準1を選択していれば，相手プレイヤーがたとえ2を選んでも，彼らの利得は1のままであり，減少することはない。つまり両プレイヤーにとって，利得の観点からは努力水準2が，リスク回避の観点からは努力水準1がそれぞれ選択されるべきである。こうした問題は，均衡選択（equibrium selection）の問題として，ハルサニーとゼルテン（Harsanyi & Selten［1988］）により提起・考察されたが，以

6.2 協調ゲームにおける均衡選択

	1	2
1	(x, x)	$(x, 0)$
2	$(0, x)$	$(4, 4)$

（プレイヤー2／プレイヤー1）

図 6.8

下では，カールソンとダンメ（Carlsson & van Damme [1993]）のモデルを用いて，異なった側面から分析してみよう。

ある値 x に対し，図 6.8 のような利得行列によって示されるゲームを考える。均衡は当然のことながら，x の値に依存して決まる。$x<0$ であれば，各プレイヤーが行動 2 を，$x>4$ であれば，行動 1 を選ぶことがそれぞれ均衡戦略になる。協調問題が生じるのは，x が $x \in (0, 4)$ で与えられる場合である。

いま，他のプレイヤーが s の確率で行動 1 を選ぶとしよう。このとき，当該プレイヤーにとって行動 1 を選べば，相手プレイヤーの行動に関係なく確実に x を得ることができる。しかし，行動 1 ではなく行動 2 を選べば，$(s \times 0) + 4(1-s)$ の利得を期待することができる。この差額を行動 1 のネット利得 $V(s)$ で表すと

$$V(s) = x - 4(1-s)$$

となる。このとき，$V(s^*) = 0$ を解くと，$s^* = (4-x)/4$ が得られる。したがって，$s > s^* (s < s^*)$ であれば，$V(s) > 0 (V(s) < 0)$ が成立し，当プレイヤーが行動 1（行動 2）を選ぶことが好ましい。

この状況を図示すると図 6.9 のようになる。この図からわかるように，x

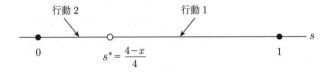

図 6.9

が大きければ大きいほど，s^* の値は小さくなり，当プレイヤーが行動 1 をとる方が有利となる範囲がより広くなる。

6.3　ネットワーク型の産業と戦略的補完性

通常，産業組織論の分析対象となるのは，消費者の所与なる需要曲線をめぐっての，生産量，価格，品質，属性などにかかわる企業間の競争である。第 4 章，第 5 章の議論は，すべてこうした競争がどのようにして行われるかについての考察であった。そして競争とは，各企業が消費者の獲得に関して，それぞれ戦略的代替性の関係にあることを意味する。つまり，自動車，鉄鋼，各種化学製品などの，主に工業製品を対象とする従来型の産業においては，戦略的代替性という概念がその主役を占めていたわけである。

ところが，後のネットワーク型産業（第 10 章）で説明するように，コンピューター，IT をはじめ，ハイテク製品を中心とするネットワーク型の産業では，事態が逆転し，戦略的補完性が考察の中心となる。例えば，日本におけるスマートフォンの市場では，NTT ドコモ，ソフトバンク，au などの企業が市場シェアをめぐって，互いに競争関係（戦略的代替性の関係）にある。しかし，消費者にとってある企業の製品購入を促す最も重要な要素は，他の消費者がどの程度の割合で，同製品を利用しているかになる。なぜならば，同一製品を利用している消費者の数が多ければ多いほど，その製品のネットワークにおける利点が増大するからである。また，市場において，ある企業の製品を販売するショップの数が増えれば増えるほど，消費者が受けるサービスは向上し，その製品の魅力が増す。逆に，ショップにとって，ある企業の製品を好む人が増えれば増えるほど，その製品を販売することが得策になる。このように，ネットワーク型の産業では，消費者と消費者，また，消費者とショップの間で戦略的補完性の関係が強く作用する。そして大きければ大きいほどよいという，こうした産業の特性は，市場に極端な結果をもたらす。つまり，市場において強者はさらに強く，弱者はさらに弱くなり，最終的には一つの企業，一つの技術が市場を独占することになる。

6.4 囚人のジレンマ・ゲーム

ここまでで主に考察してきたゲーム（協調ゲーム）とは異なり，戦略的補完性ではなく，戦略的代替性の概念を中心におくと，どのような状況が成立するのであろうか。先にも述べたように，産業組織を研究する際にまず取り上げなければならないのは，産業における企業の競争のあり方である。つまり，市場をめぐり，いかに顧客を取り込むかについては，様々な手段があり，それを明らかにすることが分析の目的であった。そして，A企業の代わりにB企業が消費者を獲得するということは，A企業とB企業とが互いに戦略的代替性の関係にあることを意味する。こうした戦略的代替性という性質をもったゲームとよく似た性質をもつのが，いわゆる囚人のジレンマとよばれるゲームである（ただし，本来の囚人のジレンマ・ゲームは利得行列で表し，行動の強化という概念は登場しない）。このゲームでは，各経済主体が協力すれば最善の状態が得られるにもかかわらず，裏切りが発生すれば，最悪の状況が訪れる。そのことを恐れて，いずれの主体も協力関係に踏み切ることができない。これが，こうしたゲームを囚人のジレンマ・ゲームと名付けるゆえんである（囚人のジレンマ・ゲームについては，川又[2012]を参照）。そして，クールノー・モデル（第4章）もその一種であるといってよい（クールノー・モデルにおいて戦略的代替性が成立していることは容易に確かめることができる。また，各企業が協力して共同利潤の最大化をはかれば，その利潤を分配することにより，より好ましい状態に移行可能であるにもかかわらず，それを実現することができない）。囚人のジレンマ・ゲームでは，均衡は一つしかなく，しかもその均衡は，最悪の状態を示している。しかし，こうした唯一の均衡も，それがナッシュ均衡であるがゆえに，どの主体も他の意思決定に切り替えるインセンティブをもたない。

では，囚人のジレンマ・ゲームにおいて，最悪の状態になっているナッシュ均衡から，パレート最適な状態に移行できる方策はないのであろうか。以下では3つの観点から問題を考察し，こうした改善が必ずしも容易ではないことを見てみよう。

(1)　各主体の意思決定が他の主体に影響を与える戦略的な状況のもとでは，ゲームに参加する主体の数が増えれば増えるほど，その主体の戦略性の度合いが薄れていくことが容易に予想できる。第4章の極限定理は，主体の数の増加がクールノー均衡を完全競争均衡へと変質させることを明らかにしており，確かに一つの解決策を示している。

　ただし，そこでの議論は情報が完全であるという想定のもとに成り立っており，もし不完全情報の仮定をそこに持ち込むと，必ずしもそうとは言えない。実際，企業数が多くなればなるほど，市場の価格情報は不完全になり，各企業は，その結果生じる独占力を利用して経済の効率性にマイナスの効果をもたらすような行動をとることを明らかにした一連の研究がある（Stiglitz [1987] などの研究を参照）。

(2)　囚人のジレンマ・ゲームでは，ゲームは1回限り行われることを前提にしている。これをもし1回だけではなく，何回も繰り返し行えば，好ましくない状態がもたらされることを防げるのではないだろうか。なぜならば，過去の経験を現在の意思決定に活かしてきたからこそ，これまで社会が発展してきたと思われるからである。しかし，繰り返しゲームと暗黙の協調（第4章の4.5節）の議論が示す通り，たとえゲームを何回も繰り返してもそれが有限回であれば，ジレンマ的状況を解決することは不可能である。ただし，そこで明らかにしたように，最後の期がなく，繰り返しが無限に続くゲームを考えると，事態は少し異なってくる。いま，2人のプレイヤーが無限期間にわたって，ゲームを行うとしよう。そして，この2人のプレイヤーがそれぞれ，第1期には協力するが，それ以降，相手が一度でも協力しなければ永久に非協力的であり続けるというトリガー戦略を採用するとすれば，この2人からなる社会は確かに好ましい状態を達成できる。しかし，こうした無限の繰り返しゲームでは，互いにはじめから非協力的な行動をとる戦略の組み合わせも均衡を構成し，その他様々な均衡が存在する。

(3)　最後に，例えば法的規制などルールを変更することによって，各主体の意思決定に影響を与え，事態を改善する方策が考えられる。つまり，利得関数の形状を変化させることで，パレート最適点がナッシュ均衡として選ば

6.4 囚人のジレンマ・ゲーム

第2企業 第1企業	採用する	採用しない
採用する	4-3 4-3 (1 , 1)	2-3 2-0 (-1 , 2)
採用しない	2-0 2-3 (2 , -1)	0-0 0-0 (0 , 0)

図 6.10

れる可能性が生じる。

　いま，次のような例を考えてみよう[1]。ある地域に 2 企業が操業している
とする。各企業の生産活動は公害を発生させ，他企業の利得を減少させる。
公害を除去するには新しい生産技術の導入を必要とするが，それにはコスト
がかかる。こうした状況のもとで，新技術が採用されるかどうかを考えてみ
よう。新技術の採用コストは各企業にとって 3 であり，採用しなければ 0 で
あるとする。また，2 つの企業がどちらも新技術を採用しなければそれぞれ
の企業の生産物の価値は 0 で，1 企業が採用すれば 2，両企業がともに採用
すれば 4 であるとしよう（ここでは，意思決定と利得との対応関係がちょう
ど囚人のジレンマを生み出すように工夫されている）。生産物価値から新技
術の採用コストを引いた値が利潤であるとすると，このゲームの利得行列は
図 6.10 のようになる。明らかに，両企業がともに新技術を採用することが
パレート最適であるにもかかわらず，現実に生じるのは，つまりナッシュ均
衡であるのは，両者ともに新技術を採用しないという囚人のジレンマ的な状
況である。

　ではどうすれば事態を改善することができるであろうか。ここで新たに法
律を導入し，新技術を採用せずに公害をもたらす企業には 2 の罰金を課すも
のとしよう。すると，利得行列は図 6.11 のように変化する。その結果，今
度は両企業がともに新技術を採用することが新たなナッシュ均衡を構成する。

---

[1] 青木・奥野 [1996] を参照。本書では，ナッシュ均衡と様々な制度との関係が考察され
ている。

第1企業 ＼ 第2企業	採用する	採用しない
採用する	$(\,1,\ 1\,)$	2-2 $(-1,\ 0\,)$
採用しない	2-2 $(\,0,\ -1\,)$	0-2　0-2 $(-2,\ -2\,)$

図 6.11

　以上の例は，制度を整備さえすれば，各企業の自発的な意思決定に頼っても，社会は最悪の状況から最善の状況に変化することを示している。

7

2段階ゲームの理論とその応用

　寡占企業における代表的な行動モデルであるクールノー・モデルでは，企業が操作する戦略変数は生産量であり，またベルトラン・モデルでは価格であった。それらはいずれも短期的に調整ができる変数と言ってよく，その意味において，これら両モデルは短期の寡占産業のあり方を示すものである。これに対し，工場設備への投資，研究開発あるいは広告活動をどのように遂行するかといった問題は，より視野の長い，将来を見据えての意思決定であり，短期のそれとは明確に区別して考えなければならない。こうした長期にかかわる戦略は，短期的な企業環境に重要な変化を与えるものであり，企業はこのことを見据えてより好ましい環境を実現できるようにその意思決定行動を行う。つまり，長期戦略は直接的な形で当該企業に影響を及ぼすだけでなく，短期における均衡状態(ナッシュ均衡)そのものにも変化を与える。例えば，生産コストの低下を目的とした設備投資は，自企業の利益に直接的な形で影響を与えるだけでなく，相手企業の生産量に関する意思決定を変化させることにより，間接的にも当該企業の利潤に影響を及ぼす。企業はこうした間接的な効果をも考慮してその戦略のあり方を決定するわけである。本章では，このような長期的意思決定が短期的なそれとどのように関係しているのか，ゲーム論の観点を借りながら明らかにしてみよう。

7.1 2段階ゲームの理論

長期戦略が短期のナッシュ均衡を変化させることを考慮に入れ，どのようにすればこれをできるだけ有利な状態に導くことができるのかを考察したのが2段階ゲームの理論である．以下では，その代表的なモデルである Fudenberg & Tirole [1984], Tirole [1988] に沿って解説しよう．

いま産業には2つの企業が存在し，それぞれ短期戦略 (生産量) x_1 および x_2 を選択するものとする．さらに，各企業が他の企業の行動を与件として自己の利潤が最大になるように行動するといういわゆる非協力ゲームを想定し，それがともに戦略的代替性の関係にあるとすれば(戦略的補完性の関係においても以下と同様な議論が成り立つ)，図7.1に示されるように，各企業の反応関数の交点である E によってナッシュ均衡が与えられる(第6章を参照)．ここで，企業1が長期戦略(設備投資) K_1 を選択し，それが企業1の反応関数 $x_1^* = x_1^*(x_2)$ を右にシフトさせるという効果をもつとしよう．このとき，均衡点は E から E′ へと変化し，その結果，企業1は生産量を増やし，逆に企業2は生産量を減らす．企業1は K_1 がもたらす自企業への直接的な効果だけでなく，相手企業に与えるこのような変化を考慮に入れて，自己の利潤が最大になるように K_1 の大きさを決定するというのが2段階ゲームの骨子である．

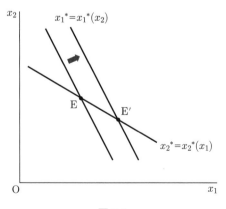

図 7.1

7.1 2段階ゲームの理論 71

 そこで以下において，これをより厳密な形で明らかにしてみよう。ここで注意すべきは，企業1による K_1 の選択が企業2の意思決定に影響を与えるためには，それが観察可能で，しかも必ず実行されることが確信されていなければならないことである。例えば，新たな技術をもたらす工場設備への投資は，それが単なる計画のアナウンスで終わるのであれば，実際に実行されるかどうかわからず，相手企業に戦略の変更をせまるだけの影響力をもたないかもしれない。これに対し，広告活動などへの大規模な支出は，実際に観察することができ，しかもそれは変更が不可能であるという非可逆的な性質をもつ。

 もし長期戦略がこのような形で行われるならば，企業 i の利潤関数は

$$\pi_i = \pi_i(x_i, x_j, K_1) \qquad (i, j = 1, 2, \quad i \neq j)$$

と書くことができ，その利潤最大化条件 $\dfrac{\partial \pi_i}{\partial x_i} = 0$ より，反応関数

$$x_i^* = x_i^*(x_j, K_1)$$

が導かれる。ナッシュ均衡はこれら2企業の反応関数をともに満たす値，つまり2つの反応関数を連立して解いた値により示されるので，これを

$$\hat{x}_i^* = \hat{x}_i^*(K_1)$$

と書くことにしよう。ここで K_1 が変数として入り込むのは，この短期の段階においては，K_1 はまだ単なるパラメータとして与えられるに過ぎないからである。

 次に，こうした短期の均衡を考えた場合，長期戦略 K_1 はどのように定まるのであろうか。企業1にとって，短期の結果が以上のナッシュ均衡によって与えられることがわかっているので，このことを見込んだ形で，自己の利潤が最大になるように K_1 を決定するのが合理的である。そこで，企業1は利潤関数を

$$\pi(\hat{x}_1^*(K_1), \hat{x}_2^*(K_1), K_1)$$

として，これを最大化するように K_1 の値を決める。いま最大化条件を求めると，

$$\frac{d\pi_1}{dK_1} = \frac{\partial \pi_1}{\partial K_1} + \frac{\partial \pi_1}{\partial x_1}\frac{d\hat{x}_1^*}{dK_1} + \frac{\partial \pi_1}{\partial x_2}\frac{d\hat{x}_2^*}{dK_1} = 0 \qquad (7.1)$$

となるが，先の反応関数を導く条件より，$\dfrac{\partial \pi_1}{\partial x_1}=0$ である。したがって，式 (7.1) は

$$\frac{d\pi_1}{dK_1}=\frac{\partial \pi_1}{\partial K_1}+\frac{\partial \pi_1}{\partial x_2}\frac{d\hat{x}_2^{\ *}}{dK_1}=0 \tag{7.2}$$

によって表され，式 (7.2) を満たす K_1 が求める値になる。

7.1.1 直接効果と戦略効果

そこで次に，式 (7.2) の意味について考えてみよう。式 (7.2) は 2 つの部分 $\dfrac{\partial \pi_1}{\partial K_1}$ と $\dfrac{\partial \pi_1}{\partial x_2}\dfrac{d\hat{x}_2^{\ *}}{dK_1}$ から成り立っている。前者は，$\pi_1(\hat{x}_1^{\ *}(K_1),\ \hat{x}_2^{\ *}(K_1),\ K_1)$ の変数である $\hat{x}_1^{\ *}(K_1)$，$\hat{x}_2^{\ *}(K_1)$ が変化しないと仮定したもとでの，K_1 の増加が π_1 に与える効果であり，K_1 が短期に及ぼす戦略的な効果はそこに含まれていない。この効果のことを直接効果 (direct effect) とよぶ。これに対し後者は，直接効果とは別に，K_1 の増加が相手企業の戦略変数 $\hat{x}_2^{\ *}$ を変化させ，それが π_1 に与えるいわば間接的な効果であり，戦略効果 (strategic effect) とよばれる。したがって，もし戦略効果がプラス（マイナス）であれば直接効果はマイナス（プラス）であり，それぞれの効果は相反する符号をとる。このことは，利潤関数が凹関数という仮定のもとでは，戦略効果がプラス（マイナス）のときには，K_1 の最適値は $\dfrac{\partial \pi_1}{\partial k_1}=0$ を満たす値，つまり直接効果のみを考慮した場合の最適値よりも大きく（小さく）なることがわかる。

7.1.2 相手企業に与える効果

自企業を有利に導くための長期戦略の実行は，相手（ライバル）企業にも大きな影響を与える。その効果は

$$\frac{d\pi_2}{dK_1}=\frac{\partial \pi_2}{\partial K_1}+\frac{\partial \pi_2}{\partial x_1}\frac{d\hat{x}_1^{\ *}}{dK_1}+\frac{\partial \pi_2}{\partial x_2}\frac{d\hat{x}_2^{\ *}}{dK_1}$$

と表すことができる。ただし，$\dfrac{\partial \pi_2}{\partial x_2}=0$ であるので，上式は

$$\frac{d\pi_2}{dK_1} = \frac{\partial \pi_2}{\partial K_1} + \frac{\partial \pi_2}{\partial x_1} \frac{d\hat{x}_1^*}{dK_1}$$

となる。7.1.1 の議論と同様に，$\dfrac{\partial \pi_2}{\partial K_1}$ は K_1 が相手企業の利潤に与える直接

効果を，$\dfrac{\partial \pi_2}{\partial x_1} \dfrac{d\hat{x}_1^*}{dK_1}$ は，その間接的な効果つまり戦略効果を示している。そ

して，その2つの効果を足し合わせた値がマイナス（プラス）であれば，第1
企業による長期戦略は，ライバル企業にマイナス（プラス）の効果を与える
ことになる。

　以上の考察は，産業内における既存企業間の競争についてだけではなく，
当該産業に参入しようとしている潜在的な企業に対してもあてはまる。いま，
ある産業が一つの独占的な企業（第1企業）により占有され，その独占利潤
をねらって，現在はまだ当該産業に属していない潜在企業（第2企業）が参
入することを考えているとしよう。もし第1企業がそのことに気づき，長期

戦略 K_1 を実行したとするならば（ただし，それが $\dfrac{d\pi_2}{dK_1} < 0$ の効果を与える

ものとする），それがなされなかったなら獲得できたであろう利潤（K_1 が実
行されなかった場合，そこで生じるナッシュ均衡がもたらす第2企業の利潤）
を第2企業はもはや獲得することができない。さらに，それが第2企業の利
潤そのものの大きさ $\pi_2(\hat{x}_1^*(K_1), \hat{x}_2^*(K_1), K_1)$ をマイナスにするような効果
をもつとすれば，第2企業は当該産業に参入することそのものをあきらめざ
るを得ない。このように，新たな工場設備，研究開発投資，広告などの長期
戦略は，既存企業に向けて行われるというよりはむしろ潜在的な参入企業を
排除する，つまり参入阻止を目的として実行されることも多いのである。

7.1.3　長期戦略へのインセンティブ

　企業が長期戦略を積極的に行うかそれとも消極的になるかは，長期戦略が

自己の利潤に与える戦略効果 $\dfrac{\partial \pi_1}{\partial x_2} \dfrac{d\hat{x}_2^*}{dK_1}$ の符号と相手（ライバル）企業の利

潤に与える効果 $\dfrac{d\pi_2}{dK_1}$ の符号の4つを組み合わせて表すことができる。もし,

$\dfrac{\partial \pi_1}{\partial x_2}\dfrac{d\hat{x}_2^{\,*}}{dK_1}$ がプラスであり,しかも $\dfrac{d\pi_2}{dK_1}$ がマイナスであれば,長期戦略 K_1 は,

ライバルの戦略を自企業に極めて有利になるように変更させることが可能となり,投資に対するインセンティブは増大する。逆に,$\dfrac{\partial \pi_1}{\partial x_2}\dfrac{d\hat{x}_2^{\,*}}{dK_1}$ がマイナス,

$\dfrac{d\pi_2}{dK_1}$ がプラスであれば,投資を抑えることが,ライバルの利潤を減らすことにつながり,投資へのインセンティブは小さくならざるを得ない。

7.1.4　反応関数と長期戦略

　これまで考察してきた長期戦略は,自企業(企業1)と相手企業(企業2)の短期的な戦略のあり方を表す,いわゆる反応関数とどのような関係にあるのだろうか。具体的に述べれば,短期における戦略的代替性あるいは戦略的補完性という関係[1]は,長期戦略がもたらす自己の利潤への戦略効果 $\dfrac{\partial \pi_1}{\partial x_2}\dfrac{d\hat{x}_2^{\,*}}{dK_1}$ と相手企業への戦略効果 $\dfrac{\partial \pi_2}{\partial x_1}\dfrac{d\hat{x}_1^{\,*}}{dK_1}$ にいかなる影響を与えるのか。これを見るために,議論を簡単にするための次のような2つの仮定を設けてみよう。まず $\dfrac{\partial \pi_2}{\partial K_1}=0$,すなわち企業1の長期戦略 K_1 が相手企業の利潤に何ら直接的な影響を及ぼさないことを仮定する。さらに,企業1の短期戦略 x_1 が企業2の利潤 π_2 に与える効果 $\dfrac{\partial \pi_2}{\partial x_1}$ と,企業2の短期戦略 x_2 が企業1の利潤 π_1 に与える効果 $\dfrac{\partial \pi_1}{\partial x_2}$ が同一の符号であるとしよう。このとき,

$$\frac{\partial \pi_1}{\partial x_2}\frac{d\hat{x}_2^{\,*}}{dK_1}=\frac{\partial \pi_1}{\partial x_2}\frac{d\hat{x}_2^{\,*}}{dx_1}\frac{d\hat{x}_1^{\,*}}{dK_1}$$

---

[1] この概念については,第6章および Bulow, Geanakoplos, Klemperer［1985］を参照。

と書き表せるので，$\dfrac{\partial \pi_1}{\partial x_2}\dfrac{d\hat{x}_2^{*}}{dK_1}$ の符号は $\dfrac{\partial \pi_2}{\partial x_1}\dfrac{d\hat{x}_2^{*}}{dx_1}\dfrac{d\hat{x}_1^{*}}{dK_1}$ の符号と同一になる。

ここで，$\dfrac{\partial \pi_2}{\partial x_1}\dfrac{d\hat{x}_2^{*}}{dx_1}\dfrac{d\hat{x}_1^{*}}{dK_1}$ を整理し，$\dfrac{d\hat{x}_2^{*}}{dx_1}\dfrac{\partial \pi_2}{\partial x_1}\dfrac{d\hat{x}_1^{*}}{dK_1}$ によって表すと，自己の

利潤への戦略効果 $\dfrac{\partial \pi_1}{\partial x_2}\dfrac{d\hat{x}_2^{*}}{dK_1}$ の符号は，結局，反応関数の傾きを示す

$\dfrac{d\hat{x}_2^{*}}{dx_1}$ の符号と，相手企業の利潤に与える戦略効果を示す $\dfrac{\partial \pi_2}{\partial x_1}\dfrac{d\hat{x}_1^{*}}{dK_1}$ の符号

の積により決定されることがわかる。これより，企業間の競争が戦略的代替

性の関係にあるならば，$\dfrac{d\hat{x}_2^{*}}{dx_1} < 0$ なので，自己の利潤への戦略効果と，相

手企業の利潤に与える戦略効果は逆の関係になることがわかる。また，その

競争が戦略的補完性の関係にあるならば $\dfrac{d\hat{x}_2^{*}}{dx_1} > 0$ になるので，自己の利潤

への戦略効果と，相手企業の利潤に与える戦略効果は同一の関係になる。

　以上の議論は，自企業の利潤に与える戦略効果がプラスであり，しかも企業を取り巻く環境が互いに競争的ならば（戦略的代替性ならば），自企業に対する長期戦略の実行は自企業に有利に，相手企業に不利に働くことになり，こうした戦略がより積極的に行われることを明らかにしている。

7.1.5　2段階ゲームの理論の応用

　次に，これまで考察してきた2段階ゲームの理論を実際に産業組織論に応用してみよう[2]。

　(1)　最初に，広告への投資について分析してみることにする。広告が企業にとって価値のある重要な長期戦略であることはこれまで述べてきた。様々な情報媒体を用いて消費者に働きかける広告活動は，たとえそれが情報操作的であろうと，あるいは正確な情報提供を意図したものであろうと，消費者の需要をより増大させるための重要な手段である。そこで，2段階ゲームの

---

[2] 丸山・成生［1997］では，多くの応用例が示されている。

フレームワークを用いて，広告という経済活動についてどのようなことが言えるのか以下で明らかにしよう。

いま，市場には2つのシンメトリックな企業1，2が存在し，同質財の生産量をめぐりクールノー競争の状況にあるとする。各企業の費用関数を cq_i ($i=1,2$)，市場全体の逆需要関数を $p=-\alpha q+\beta$，$q=q_1+q_2$ ($\alpha, \beta>0$) で示すことにする。ただし，記号の意味は先のクールノー・モデルで用いたものと同一である。また，企業1による広告投資額 K_1 は，逆需要関数を上方にシフトさせ，$\beta=\beta(K_1)$，$\dfrac{d\beta}{dK_1}>0$ により表せるものとする。このとき，企業 i の第2段階（短期）での利潤 π_i は

$$\pi_i = pq_i - cq_i = (\beta(K_1) - \alpha(q_i + q_j))q_i - cq_i \qquad (i \neq j)$$

となり，これより，ナッシュ均衡生産量

$$q_i^* = \frac{\beta(K_1) - c}{3\alpha}$$

を求めることができる。

したがって，第1段階（長期）における企業1の戦略は，こうした第2段階での均衡を考慮に入れた利潤

$$\pi_1 = (\beta(K_1) - \alpha(q_1^* + q_2^*) - c)q_1^* - K_1$$

を最大化するように，広告投資額 K_1^* を決定することになる。$\dfrac{d\pi_1}{dK_1}=0$ を計算すると，

$$\left(q_1^* \frac{d\beta}{dK_1} - 1\right) + \left(-\alpha q_1^* \frac{\partial q_2^*}{\partial \beta} \frac{d\beta}{dK_1}\right) = 0$$

が得られ，この式を満たす K_1^* が求める値である。

さて，これまでの考察を上式に当てはめると，左辺の第1項は直接効果，第2項は戦略効果を表している。ここで，ナッシュ均衡生産量 q_2^* の式から，

$$\frac{\partial q_2^*}{\partial \beta} = \frac{1}{3\alpha} > 0$$

が得られるので，戦略効果はマイナスになることがわかる。

また，ライバル企業への効果は，

7.1 2段階ゲームの理論

$$\frac{d\pi_2}{dK_1} = \left(q_2{}^* + (-\alpha q_2{}^*)\left(\frac{\partial q_1{}^*}{\partial \beta}\right)\right)\left(\frac{d\beta}{dK_1}\right)$$

であるが，これを計算すると，

$$\frac{d\pi_2}{dK_1} = \left(\frac{2}{3}q_2{}^*\right)\left(\frac{d\beta}{dK_1}\right) > 0$$

が導かれ，広告投資の増加はライバル企業を利する結果になる。すなわち，企業1による広告という長期戦略は，同質財がゆえに産業全体の需要を拡大させ，自企業よりも相手企業により大きな利益をもたらすのである。このことは，広告投資はたとえそれが実行されても，消極的なものにならざるを得ないことを明らかにしている。

(2) 企業が発展，成長していくうえで極めて重要な役割を果たす活動が研究開発のための投資であり，現代ではどの企業にとっても，これをうまく成し遂げることが企業の存亡にかかわると言ってよい。ただし，研究開発といっても，今までになかった新製品開発のためのものと，既存の生産プロセスを改良することにより生産費を引き下げるものとに大きく分けることができる。また，実際の企業活動を見ると，多くは，消費者にアピールする新製品をいかに生み出すかを目的として行われているのが現状である。しかし，以下では，長期的な観点から生産費引下げのために行われる投資に焦点をあて，分析してみることにしよう。理由は，先に考察した広告投資が産業全体の需要拡大という効果をもったのに対し，生産費引下げはもっぱら当該企業の供給活動のみに影響を与え，この両者を比較検討してみることもまた興味を引く事柄だからである。

これまでと同様に，2つのシンメトリックな企業1，2の存在と同質財の生産量をめぐるクールノー競争を仮定し，各企業の費用関数を $c_i q_i$ $(i=1,2)$，市場全体の逆需要関数を $p=-\alpha q+\beta$, $q=q_1+q_2$ $(\alpha, \beta>0)$ で表すことにしよう。さらに，企業1は第1段階で研究開発 K_1（金額表示）を実行することにより，第2段階での c_1 を低下させることができるとしよう。この関係を $c_1=c_1(K_1)$, $\dfrac{dc_1}{dK_1}<0$ で示すとする。

それぞれの企業の第2段階（短期）の利潤は，

$$\pi_i = pq_i - c_i q_i = (-\alpha(q_1 + q_2) + \beta - c_i)q_i \qquad (i = 1, 2)$$

となるので，第2段階（短期）における均衡生産量 q_i^* は

$$q_i^* = \frac{(-2c_i + c_j + \beta)}{3\alpha} \qquad (i, j = 1, 2, \quad i \neq j)$$

により与えられる。したがって，企業1はこうした状況を考慮し，第1段階（長期）において，

$$\pi_1 = (-\alpha(q_1^* + q_2^*) + \beta - c_1(K_1))q_1^* - K_1$$

が最大になるように，すなわち

$$\frac{d\pi_1}{dK_1} = \left(-q_1^* \left(\frac{dc_1(K_1)}{dK_1}\right) - 1\right) - \alpha q_1^* \frac{\partial q_2^*}{\partial c_1} \frac{dc_1(K_1)}{dK_1} = 0$$

が成立するように，最適投資水準 K_1^* を定めればよい。ここで，上式の $-q_1^* \left(\dfrac{dc_1(K_1)}{dK_1}\right) - 1$ は直接効果，$-\alpha q_1^* \dfrac{\partial q_2^*}{\partial c_1} \dfrac{dc_1(K_1)}{dK_1}$ は戦略効果を表している。均衡生産量 q_2^* の式から

$$\frac{\partial q_2^*}{\partial c_1} = \frac{1}{3\alpha}$$

が得られるので，戦略効果はプラスになることがわかる。

このような結果が生じるのは，短期における同質財の生産量をめぐるクールノー競争では，企業間の関係は戦略的代替性となり，このことが費用の低下からもたらされる q_1 のいっそうの増加[3]と q_2 の減少，そしてそれに伴う π_1 の増大につながるからである。

次に，研究開発はライバル企業の利潤にどのような効果をもたらすのであろうか。これを見るためには，$\dfrac{d\pi_2}{dK_1}$ を計算してみればよい。

$$\frac{d\pi_2}{dK_1} = -\alpha q_2^* \frac{\partial q_1^*}{\partial c_1} \frac{dc_1}{dK_1}$$

であり，しかも

---

[3] これは $q_i^* = \dfrac{(-2c_i + c_j + \beta)}{3\alpha}$ $(i, j = 1, 2, \quad i \neq j)$ からわかる。

$$\frac{\partial q_1^{\,*}}{\partial c_1} = -\frac{2}{3a}$$

となるので，$\dfrac{d\pi_2}{dK_1} < 0$ が成立し，ライバル企業の利潤は減少することがわかった。

　以上における，戦略効果とライバル企業への効果の議論から，企業は生産費を低下させる研究開発投資を積極的に，むしろ過大な形で実行するという結果を導くことができる。

　これまでの (1) および (2) の考察から，同じ同質財・クールノー競争のモデルでも，広告投資と研究開発投資では，まったく異なった結論が得られることが明らかになった。

7.2　2企業が同時に長期戦略を採用する場合

　7.1 節では，第 1 企業のみが長期戦略 K_1 を選択し，第 2 企業はその戦略を受身的に受け取ることを想定したうえで，K_1 がどのように実行されるのかを議論した。そこで次に，市場に存在する 2 つの企業が同時に長期戦略を選択したとすれば，2 段階ゲームの理論はどのようなものになるのかを説明する。

　こうした想定のもとでは，第 i（$i=1, 2$）企業の短期利潤は $\pi_i(x_i, x_j, K_i, K_j)$ によって示される。ただし，x_i, x_j はそれぞれ第 i 企業および第 j 企業の短期戦略を表し，$i, j = 1, 2$，$i \neq j$ である。まず第 2 段階において，つまり短期において，第 i 企業は x_j, K_i, K_j を所与として自己の利潤を最大化するように x_i を選ぶ。このことを表現する式が $\dfrac{\partial \pi_i}{\partial x_i} = 0$ であり，これより第 i 企業の反応関数 $x_i = x_i(x_j, K_i, K_j)$ が導かれる。こうした両企業の反応関数を同時に満たす短期戦略の値 $x_i^{\,*}$ がいわゆるナッシュ均衡解であり，これは両企業の反応関数を連立方程式として解くことにより求めることができる。K_i, K_j はこの場合，長期戦略として所与なので，したがって，$x_i^{\,*}$ は

$$x_i^* = x_i^*(K_i, K_j)$$

で表すことができる。

次に，第1段階の長期戦略 K_1, K_2 の選択について考察を進めよう。$x_i^* = x_i^*(K_i, K_j)$ なので，企業 i の利潤は，第1段階では

$$\pi_i(x_i^*(K_i, K_j), x_j^*(K_j, K_i), K_i, K_j)$$

となることがわかる。これを簡潔に $\pi_i(K_i, K_j)$ で示すことにしよう。企業 i にとっては，企業 j の戦略 K_j は外生変数なので，自己の利潤を最大化するには，$\dfrac{\partial \pi_i}{\partial K_i} = 0$ を満たす K_i を求めればよい。同様なことは企業 j にとっても言うことができる。したがって，$\dfrac{\partial \pi_i}{\partial K_i} = 0$ より導かれる第 i 企業の反応関数 $K_i = K_i(K_j)$ $(i, j = 1, 2,\ \ i \neq j)$ と，$\dfrac{\partial \pi_j}{\partial K_j} = 0$ から算出される第 j 企業の反応関数 $K_j = K_j(K_i)$ の交点を求めれば，すなわち，これら両反応関数を連立して解けば，長期戦略 K_1, K_2 に関するナッシュ均衡解 K_1^*, K_2^* を得ることができる。

そこで，2つの企業が同時に長期戦略を選択し，次いで短期戦略を遂行する2段階ゲームの理論の応用例として，以下の問題を考えてみよう[4]。ベルトラン・モデルにおいて，市場構造がたとえ寡占的であっても，財が同質で，各企業がシンメトリックな技術をもつという条件のもとでは，競争価格が成立し，それら企業の利潤はゼロになるというベルトラン・パラドックスが生じることを示した（第4章の4.4節を参照）。そして，エッジワースが指摘したように，企業の生産能力の制約に起因する供給水準の上限（供給能力）という新たな視点を付け加えれば，こうしたパラドックスは解決できるが，その結果，市場には複数の状況が均衡として成立しうることを示した。ただし，そこでは供給能力は，あくまでも所与のパラメータとして取り扱われていたことに注意しなければならない。それでは，もし企業が長期的な戦略として供給能力そのものを自由に選ぶことができ，その後，短期において価格を

---

[4] 詳しくは Kreps & Scheinkman［1983］を参照。

7.2 2企業が同時に長期戦略を採用する場合 　　　　　　　　　　　81

選択するという行動をとるとすれば，市場における均衡供給能力および均衡
価格はどのように決定されるのであろうか。

　まず，第2段階(短期)の状況から考察してみることにしよう。第2段階で
は，すでに供給能力の水準は定まっており，それを所与としたうえでの価
格競争が行われることになる。先に考察したように，このような場合，均衡
のあり方は一つではないが，その中に，第1，第2いずれの企業も産出能力
いっぱいの生産量を生産しつつ，しかもプラスの利潤を獲得できるような安
定的な均衡が存在することが明らかにされている(第4章の4.4節(1)を参照)。

　こうした均衡が成立しているもとでは，価格は，各企業の供給能力を合計
した生産量が市場でちょうど販売できるような水準に定まる。つまり，各企
業の供給能力を $\bar{q}_i$ $(i=1,2)$ で示すと，2段階のゲームの均衡では，

$$p_1 = p_2 = -\alpha(\bar{q}_1 + \bar{q}_2) + \beta$$

が成立している。企業 i は，相手企業 j の供給能力 $\bar{q}_j$ を所与として自己の利
潤

$$\pi_i = p\bar{q}_i - c\bar{q}_i = (-\alpha(\bar{q}_i + \bar{q}_j) + \beta)\bar{q}_i - c\bar{q}_i \qquad (i \neq j)$$

を最大化する $\bar{q}_i$ を選ぶと，

$$\frac{\partial \pi_i}{\partial q_i} = -2\alpha\bar{q}_i + \beta - \alpha\bar{q}_j - c = 0$$

が成立し，これより $\bar{q}_i$ は，

$$\bar{q}_i = \frac{-\alpha\bar{q}_j + \beta - c}{2\alpha} \qquad (i, j = 1, 2, \quad i \neq j)$$

になる。そこで，第1段階のクールノー・ナッシュ均衡を求めるために，こ
の式を $\bar{q}_1$ と $\bar{q}_1$ について連立して解き，その値を $\bar{q}_1{}^*$ および $\bar{q}_2{}^*$ で示すと，

$$\bar{q}_1{}^* = \bar{q}_2{}^* = \frac{\beta - c}{3\alpha}$$

が得られる。

　最後に，意思決定の順序をもとに戻し，最初からそれを見ていくと，次の
ような意思決定プロセスが明らかになる。まず第1段階で上式に表されるよ
うな供給能力が企業1と企業により選択される。その後，第2段階ではベル
トラン・モデルの価格競争が作用し，その結果，均衡状態として第1段階に

おいて与えられた供給能力限度までの生産量が市場で実現される。

　ここで注意すべきは，以上のような形で与えられる均衡生産量が，第4章の図4.1において得られたクールノー・ナッシュ均衡の生産量とちょうど一致している点である。すでに議論したように，寡占市場における企業行動を，数量競争を核とするクールノー・モデルとして示すのか，あるいは，パラドックスに陥る可能性を排除できないものの価格競争に基づくベルトラン・モデルとして描写した方が適切なのか，必ずしも判然とはしない。しかし，ベルトランに対するエッジワースの批判と2段階ゲームというゲーム論の手法を新たに取り込み，ベルトランとクールノーを巧みに融合することによって，再度クールノー解を均衡解として確定することが可能となったわけである。

8

チェーンストア・パラドックス

　企業の参入行動に関する研究の一つに，チェーンストア・パラドックスと
よばれているものがある (Selten [1978])。これをなぜパラドックスとよぶ
のか，その理由は，厳密な理論的推論によって得られる解が，必ずしも現実
に観察される企業行動とは一致しない，あるいは常識によって通常推定され
る予想とは大きくかけ離れている，からである。

　いま，次のような例を考えてみよう。全国に多数の店舗を展開し，しかも
それぞれの地域において独占的利益を得ているチェーンストア（例えば，大
手スーパーマーケット）が，ある地域においても同じようにこうした独占的
利益を得ているものとする。そこに，地元スーパーが，このチェーンストア
に近接して出店することを計画しているという状況を想定しよう。もし，地
元スーパーがこの地域に参入しなければ，チェーン店はこれまで通り独占利
潤10を獲得し，地元スーパーは，当然のことながら何も得ることはできない。
一方，地元スーパーがこの地域に参入した場合には，チェーン店のとる行動
は，価格競争などの対抗手段で地元スーパーの参入を阻止するか，あるいは
地元スーパーとの過当競争を回避して新規出店をそのまま見過ごし，共存を
はかるかの2つである。チェーン店が参入を阻止した場合には，両者ともに
ダメージを受け，チェーン店はかろうじて2の利潤をあげることができるが，
地元スーパーは2の損失を被る。逆に，チェーン店が共存策をとった場合に
は，チェーン店の利潤は6，地元スーパーの利潤は4になる。つまり，チェ
ーン店がこれまで維持してきた10の利潤を2つの店でちょうど分け合うこ

とになる。なお，ここで想定している各店舗の行動とそれに対応する各利潤の数値は，その相対的値が重要であって，私たちが常識的に考えても十分に納得できる形になっている。

さて，こうした設定のもとで，両者がともに相手の行動を所与として自己の利潤の最大化をはかるとき，いかなる状態が均衡（ナッシュ均衡）としてもたらされるのであろうか。これを分析するために，まず，標準形ないし戦略形ゲーム表現とよばれる分析手法を用いて（第6章の6.2節「協調ゲームにおける均衡選択」を参照），以上の状況を表してみることにしよう。

図8.1において，縦はチェーン店の行動を，横は地元スーパーの行動を示している。そして，そのそれぞれの行動と，その結果生じる利潤の関係が利得行列の形で記されている。ただし，ここでカッコ内の左側の値はチェーン店の利潤を，右側の値は地元スーパーの利潤を表す。容易にわかるように，ここでのナッシュ均衡は，(共存，参入する) に対応する (6, 4) と (阻止，参入しない) に対応する (10, 0) の2つである。しかし，実は，(阻止，参入しない) という行動は，チェーン店が参入してくれば阻止行動に出る，という脅しが有効に働くことを前提にしたものであり，必ずしも合理的な行動とは言えない。なぜならば，こうした脅しは信憑性に欠けるものであり，実際にこうした行動がとられるとは限らないからである。また，実際に，参入を計画している企業が参入しないとわかれば，既存企業が阻止行動を行うはずもないからである。

そこで，このような性質をもつ適切ではないナッシュ均衡を排除するために，新たに展開形ゲーム表現に基づく部分ゲーム完全均衡（subgame

地元スーパー〜チェーン店	参入する	参入しない
阻　止	(2, −2)	(10, 0)
共　存	(6, 4)	(10, 0)

図 8.1

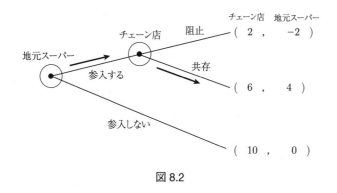

図 8.2

perfect equilibria) という概念について説明してみよう。いま，地元スーパーが市場に参入するか，あるいはそれを断念するか，また，大手チェーン店が地元スーパーの参入を価格引下げなどの対抗手段で阻止するか，それともこうした過当競争を回避するためにあえて新規出店を黙認するという共存政策とるか，こうした一連の意思決定を明らかにするために，図8.2を参照しながらみていくことにしよう。この図は，各企業（プレイヤー）の意思決定に関する時間的な流れと，それに伴って生じる各企業が獲得する利潤の額（利得）をツリーの形で示したものであり，こうした表現を展開形ゲーム表現という[1]。時間の流れは左から右へとってある。

　まず，地元スーパーが参入するかしないかの選択からこのゲームは始まる。したがって，一番左に地元スーパーの意思決定の点をとり，それが当該企業の行動であることを表すために，この点を円で囲み，地元スーパーと書いておく。ここで，選択肢は「参入する」「参入しない」の2つであるから，この点から2つの枝（ツリー）が出る。枝にはこれら各選択肢の名前が示されている。次に，こうした地元スーパーの選択が終了した後で，チェーン店が「阻止」「共存」の2つの選択肢の中から1つを選ぶ。ただし，地元スーパーが「参入しない」を選べば，ゲームはそれ以上進まず，そこで終了する。最後に，地元スーパーとチェーン店の以上のように記された意思決定の流れに

---

[1] 展開形ゲームについては，数多く出版されているゲーム理論のテキストを参照。

よって，各企業の獲得できる利潤額を一番右側のカッコの中に書いておこう。カッコの左側はチェーン店の，右側は地元スーパーの利潤をそれぞれ表している。

　さて，このように表現された展開形ゲームにおいて，各企業は最終的にどのような意思決定を行い，その結果どのような利潤がもたらされるのであろうか。この問題に対する解法はこれまでたびたび取り上げてきた逆向き推論（backward induction）の方法によって与えられる。つまり，最初からいきなり地元スーパーの最適な行動を求めるのではなく，「参入する」あるいは「参入しない」という行動が次にチェーン店のどのような行動を引き起こし，その結果どのような利潤が実現されるかまで推論しなければ，様々な意思決定の選択肢を評価することはできない。そこで逆向き推論では，まずゲームの最終段階に着目し，そこにおける最適な意思決定を求めることから分析を始める。そして，その答えが定まると，それを基礎に一つ前の意思決定のあり方が明らかになるはずである。こうした手法を，現在おかれている問題に適用すると次のようになる。最終段階におけるチェーン店の利潤は，「阻止」をとれば2，「共存」をとれば6であるので，ここでの部分ゲームにおいては，チェーン店は「共存」という意思決定を選択するはずである。したがって，この結果を受けて，地元スーパーは「参入する」をとれば，次の段階でチェーン店が「共存」をとって利潤は4，「参入しない」をとれば，利潤は0になることがわかるので，当然「参入する」という意思決定をとる。要約すれば，以上の展開形ゲームにおける部分ゲーム完全均衡は，地元スーパーが「参入する」，チェーン店が「共存」という意思決定をとることであり，先に述べた戦略形ゲーム表現による，チェーン店の「阻止」および地元スーパーの「参入しない」という行動は，部分ゲーム完全均衡にはならない。つまり，戦略形ゲーム表現ではあり得た不適切なナッシュ均衡が，部分ゲーム完全均衡では排除される。

　さらに，ここで詳しく考察することはしないが，チェーン店と地元スーパーの間で，このような参入をめぐる争いの生じる可能性がある地域が，たとえ n（≧2）の数の地域にわたっても，図8.3で示されるように，同様の手法を n 回適用することにより，同一の結果が得られることがわかっている。

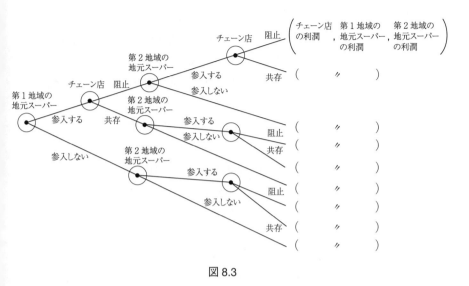

図 8.3

　つまり，いずれの地域においても，地元スーパーは参入し，チェーン店は共存するという政策をとるのである．また，わざわざ，膨大な数になるツリーを使って，このような展開形ゲームの部分ゲーム完全均衡を求めるという作業をしなくても，次のような逆向き推論を行えば，容易にこうした結果を得ることが可能である．

　いま，1から n までの地域において，以上に記された参入ゲームが繰り返されるものとしよう．さらに，最後の n 地域を除き，すべてのゲームが終了しているものとする．このとき，n 地域で生じるゲームは一回限りのゲームになるので，その結果は，地元スーパーが「参入する」，チェーン店が「共存」という行動をとることがすでに明らかにされている．次に，最後から2番目の $n-1$ 地域について考えてみよう．最後の n 地域で生じる結果はわかっているので，ここでのゲームも一回限りのゲームとまったく同一のものになる．つまり，この地域でも，地元スーパーは参入しチェーン店は共存する．以下，同様の議論を繰り返していけば，すべての地域において同様のことが言えるのである．

　さて，通常いたるところで観察される市場への参入という問題に対して，

こうした結果は，なぜパラドックスとよばれるのであろうか。それは，ほとんどの人が，もし自分がチェーン店の立場にあるとすれば，そのような行動はとらないと考えるからである。特に，地域の数が多くなればなるほど，そのことが言えるであろう。チェーン店にとって最も好ましい行動は，地元スーパーの市場への参入に対し，価格競争をあえて実行し，阻止行動にでることである。つまり，価格競争によって当面の短期的な利益を犠牲にしても，それにより他の地域で出店を考えている地元スーパーに対し，出店すれば価格競争になるかもしれないという予想を抱かせ，出店をあきらめさせることができるかもしれないからである。しかし，通常，最初の段階で考えるこのような行動が，逆向き推論の方法に依拠する部分ゲーム完全均衡では排除されてしまうのである。

　では，どこに問題が潜んでいるのであろうか。一つは，こうしたゲームの解自体に疑問を投げかけることであろう。ただし，人々の合理性を前提とする限り，ゲーム理論を構成する論理とそこから得られる解を簡単には否定することはできない。もう一つは，これまで考察してきた，市場への参入とその阻止に関するモデル自体にどこか改善すべき点があるのではないかと考えることである。相手の行動が合理性から逸脱したものであっても，それが何度か実行に移されるならば，当該プレイヤーは，その相手の目的ないし合理性に対し疑問を生じさせる。その結果，当該プレイヤーは，もしかしたら相手は再び価格競争に訴えるのではないかという予想に基づき。出店をあきらめるかもしれない。実際，チェーンストア・パラドックスを，不完備情報あるいは評判といった要素をモデルに持ち込むことで解決しようという試みがこれまで行われており，そのことがゲーム理論そのもののさらなる発展につながっている。

9
広告および研究開発

　すでに，第7章「2段階ゲームの理論とその応用」で述べたように，広告あるいは研究開発に企業が多大な費用を費やすのは，こうした活動が視野の長い，将来を見据えての意思決定にかかわるものであり，短期的な企業環境に重要な変化を与えると考えられるからである。すなわち，広告や研究開発は，価格あるいは生産量の設定など企業の短期的な意思決定に対し，より好ましい環境を実現させるための一つの手段である。具体的に言えば，広告は当該企業の需要量を拡大させるという需要側面に対する効果をもつ。また，研究開発は，それが工程革新であれば生産費用の低下という供給側面に対する効果を，それが新製品の開発活動であれば消費者の選好に新たな枠組みを与えるという需要側面に対する効果をもつ。本章では，広告あるいは研究開発活動について，第7章とは異なった観点から，それぞれ見てみることにしよう。

9.1　広告と情報

　消費者がある商品を購入しようとするとき，どのような属性（水平的差別化が存在する場合）あるいは質（垂直的差別化が存在する場合）をもった商品が，どれだけの価格でどの売り手によって販売されているのか，必ずしも明らかではない。企業は，こうした消費者のもつ情報不完全性に対し，広告活動という多額の費用を要する手段を通じて，様々な影響を与えようとする。

89

広告は，インターネット，テレビ，新聞あるいはチラシを通じて，不特定多数の消費者に情報を提供することを目的としているが，大きく，2つの異なった性質のものに分けられる。一つは情報提供的広告であり，もう一つは説得的広告である。その名が示す通り，前者はいかなる属性と特徴を備えた商品であり，またその価格がどれぐらいするのか，消費者にその情報を正確に伝えることを目的としている。例えば，様々な種類の情報誌や価格比較サイト「価格.com」などがこれに該当する。後者は，当該商品が優れていることを消費者に積極的にアピールすることにより，その商品が本来もっている満足度より高い満足が得られることを信じさせ，購買意欲をかきたてるものである。

　以上の説明からわかるように，情報提供的広告は市場のもつ資源配分機能に対し有用であるのに比べて，説得的広告は効率的な資源配分をゆがめ，社会にとって弊害でしかない。しかし，どの広告が良くてどの広告が悪いのかを判断することは，なかなか難しい問題である。また，社会にとって弊害をもたらす広告を規制するにしても，どの程度規制すべきかについては意見が分かれるところであり，実行することは容易ではない。

9.2　広告による品質のシグナリング

　広告は，上述のように，単に，消費者に正確な情報を提供する，あるいはその商品が優れた製品であることを信じ込ませるという役割を果たすだけではない。もう一つ重要な機能をもっている。いま，製品について垂直的差別化がなされ，しかもその情報が完全ではないような状況を想定しよう。消費者はその購買に先立ち，何らかの方法でおよその品質を推定することができるが，例えば食品，自動車などは，実際に食べ，乗ってみないと，その真の品質がわからない（このような財を経験財とよぶ）。そして，このような経験財については，高品質のものは繰り返し購入されることが多い。こうした場合，企業は，広告活動に多額の支出をすることによって，消費者に，その製品が高い品質を有することをアピールすることができる。つまり，消費者にとって広告は，"自社の製品には自信をもっているので，一度買って試して

9.2 広告による品質のシグナリング　　　91

みてくれ”というメッセージに映る。ここで重要な点は，こうした広告が，製品の細かな機能や性能を正確に伝えることを目的としているのではなく，単に製品の品質について当該企業が自信をもっていることをシグナルとして発信するためのものであるということである。そしてそこでは，売れると考える製品には企業は広告にお金をかけるが，あまり期待できない製品にはお金をかけないことが消費者によって暗黙のうちに想定されていなければならない。では，こうした機能を果たすための適切な広告費用の水準はどれぐらいなのであろうか。また，それはどのようなメカニズムを通じて決まるのであろうか。以下で，自動車に対する広告を例に，単純なモデルを用いてこのことを考察してみよう。

　いま，車には質の良いものと質の悪いもの2つの種類があり，企業は自分の車がどちらであるかを知っているとしよう。一方，消費者は，展示場に来てその車を試乗すれば，それがどちらであるかを確率的に識別できるものとする。そしてもし，質の良い車であればp_Hの確率で，質の悪い車であればp_Lの確率で消費者は購入する。当然のことであるが，$p_H > p_L > 0$を仮定する。また，消費者は，質の悪い車であると予想すれば，わざわざ展示場に行き，車に試乗するという面倒を避ける。さらに，車の広告には費用Cがかかり，その広告を見て展示場に来た消費者に車を販売できれば収入Rを得ることができるが，もし消費者が展示場に来なくても，広告以外の販売方法により，$R_0 (<R)$の収入が得られるとする。以上の想定のもとで，質の良い車を製造した企業だけが広告を出し，質の悪い車を販売しようとする企業は，広告費の高さを考慮して広告を出すのをあきらめる，いわゆる分離均衡が成立するためには，どのような条件が満たされればよいのであろうか。

　質の良い車を販売する企業が広告を行い，それを信じた消費者が展示場に来て車を購入するときの利益は$p_H R - C$，広告しなければR_0しか得られないので，広告を出すインセンティブが満たされるためには，

$$p_H R - C \geq R_0$$

が成り立つ必要がある。一方，質の悪い車を製造した企業は，広告をすれば，消費者は展示場に来てくれ，販売により$p_L R - C$の利益を上げることができる。しかし，p_Lの値が低いこと，またCの値が高いことにより，質の悪い

車の企業は，むしろ広告を出さない方を選択するためには，

$$R_0 \geq p_L R - C$$

が満たされなければならない。以上を整理すると，分離均衡が生じるためには，

$$p_H R - R_0 \geq C \geq p_L R - R_0$$

という条件が必要であることがわかる。この式から，次のことが言える。まず，Cの水準があまり高いと，質の良い車の企業まで，広告を出すインセンティブがなくなる。また，それがあまりに低いと，今度は質の悪い企業までもが広告を出すインセンティブをもってしまう。つまり，Cの大きさは，ある"ほどほど"の範囲の中でなければならないということである。

　それでは，シグナルに基づくこのような分離均衡は，その条件が満たされる限り，常に成立するのであろうか。実は，そうは言えないのである。いかなるシグナルが消費者に送られても，そのシグナルが消費者によって信じてもらえないならば，企業はわざわざ高い広告費をかけてまで販売しようとはしないであろう。この場合，質の良い車を製造した企業の広告活動は消滅し，消費者はその車の質が良いのか悪いのか判断するすべを失うことになる。市場にこのような状況が生じているとき，一括均衡が成立しているという。消費者がどのような場合にシグナルを信じるのか，また信じないのかについては，さらに考察が必要であろう。ここでは，シグナルを発信して，信じられるときもあれば，そうでないときもあるということに議論をとどめておく。

9.3　研究開発と技術革新

　資本主義経済の発展にとって，研究開発とその結果もたらされる技術革新という経済活動は無くてはならないものである。こうした活動の重要性を指摘し，企業家による技術の創造的破壊と，その結果もたらされる絶えざる市場の変化を体系的に論じたのはシュンペーター（Schumpeter［1934］）である。彼は，こうしたダイナミックスをイノベーション（革新）という言葉を用いて表現した。彼によれば，市場はイノベーションという，企業家にとってリスクを伴った経済活動により新たに発展し成長するが，模倣が起こり，やが

9.3 研究開発と技術革新 93

ては停滞する。そしてこの一連の流れの中で，資本主義経済は，大きく，シ
ステム，組織，あるいは制度さえも変化させていくのである。ここからも明
らかなように，シュンペーターにとって革新とは，単に技術が新しくなるこ
とではなく，経済社会の革新を含むもっと包括的な概念であった。具体的に
述べれば，彼は革新という言葉を，研究開発活動に基づく技術上の革新にと
どまらず，こうした技術を実際に現場に活かすための革新，企業内組織，企
業間組織の革新，雇用制度の革新，さらには社会経済的な慣行の革新などを
含めて用いたのである。しかし，以下では，技術革新の意味を研究開発活動
を通じての新たな技術の獲得という狭い範囲に限定し，経済学的手法を用い
て，そこから派生するいくつかの問題について考察することにしよう。ただ，
たとえそのように主題を絞ったとしても，技術革新には，新しい製品の創造
という活動と既存の生産工程を改良する活動が同時に含まれる。この場合，
これまでになかった新製品がどのように受け入れられ，社会に浸透していく
のかについては，その分析は必ずしも容易ではない。また，その新製品が他
の企業にとってこれまでの工程を改良するものであれば，新製品の開発は経
済全体から見れば生産工程の改良とみなすことができる。このような理由に
より本章では，技術革新を，企業の費用曲線の引き下げ効果を伴う工程改良
ととらえ，分析を進めていくことにしよう。

9.3.1　技術の性質

　研究開発は技術という情報を新たに生み出すための活動であり，それが蓄
積され，確率的な形で発生するのが技術革新である。つまり，研究開発の成
果が情報であるということが，以下に述べるように，こうした活動のあり方
を複雑なものにする。一般に，情報は私的な財とは異なり，ある主体が専有
することは不可能である。例えば，洋服という私的財であれば，一人の人が
その服を着ている限り，他の人はそれを着ることができない。しかし，情報
は，ある人がその情報を用いても，他の人がこれを用いることを妨げること
もできないし，また排除することもできないといういわば公共財的な性質を
もっている。したがって，かつてアロー（Arrow [1962]）が論じたように，
技術のもつこのような性質のゆえに，技術を生産する研究開発活動は社会的

に過小にしか生産されない可能性が生じる。なぜならば，研究開発には多額の投資が必要とされるにもかかわらず，その結果は不確実でリスクが高い。そのため，自らこうした投資費用とリスクを負担するよりは，他の企業が開発した技術をタダ乗り（free ride）して利用だけした方が効率的だからである。

　しかし，以上の議論は極端なケースを想定しており，現実には必ずしもそのようにはならない。開発した主体が技術情報を秘匿することにより，あるいはそうした情報が漏れるにしても，それを模倣し社会全般に拡散していくためには時間がかかるため，開発者は先行者の利益をある期間ほしいままにすることができるからである。さらに，こうした技術の専有化を確実なものにする手段を提供するのが，特許という実際に採用されている制度的な仕組みである。特許は，ある一定期間，技術の発明者に占有を許し，そこから生まれる利益を保証する制度であり，これが存在することにより研究開発活動へのインセンティブが維持される。ただし，特許により，技術の専有に関する保護をあまりに強めると，新たな技術という有用な情報が社会全体に活用される道が閉ざされることになり，これもまた好ましいことではない。ひとたび開発された技術は，できれば社会に広く用いられた方が好ましいからである。

9.3.2　特許制度のもとでの技術開発競争

　いま，特許制度のもとで，いくつかの企業が同一の技術をめぐり開発競争しているとしよう。特許を獲得できるのは，最初に開発に成功したある特定の企業のみである。たとえ他の企業が開発に成功したとしても，それが最初でなければ，特許の存在によりその技術を使用することはできない。つまり，特許をめぐる競争は，他企業に先駆けて最初に成功した企業のみがその恩恵にあずかることができるという性質をもつ。こうした順位に基づき利得が定まる競争のことを，トーナメント競争とよぶ。トーナメント競争が行われているとき，当然のことながら，その競争は熾烈なものになる。なぜならば，たとえどのように多額の費用を投じようとも，もしその成果が一番手のものでなければ，成果そのものが意味を失うことになるからである。その結果，各企業による開発投資の水準は過剰となる。また，競争は同一技術をめぐっ

て行われるので，産業全体の研究開発投資水準も，こうした重複投資により社会的に望ましい値からはるかに乖離してしまう。

　現代の研究開発は，一般に規模が大きく多額の費用を要する。また，開発にかかる時間も長く，しかもその成果である新技術の開発には多大なリスクが付きまとう。開発が成功し社会的に有用であると見込まれても，それが失敗した時には，個別企業がそうしたリスクを負担しきれない可能性もある。このような場合，企業が個別に研究開発を行うと，その水準は過小になりがちである。また，先に述べたように，開発のための投資競争が特許制度の存在によりトーナメント競争の性質を帯びるとき，投資水準は過剰でしかも重複する可能性が生じる。このように，単なる物的投資とは異なった性質をもつ研究開発投資を円滑に促進する一つの手段が，各企業の共同体から構成される共同研究開発である。もし開発が共同で実行されるならば，個別企業の成果はそのまま共同体の成果となり，他企業もその成果を利用できる。その結果，他企業の研究開発はさらに促進され，共同体全体の利益は高まるであろう。ただし，こうした研究が新製品の開発である場合，各企業は，最終的には完成した製品の販売について互いに競争しなければならない。このため，共同体全体でそれをどのように調整したらよいかという難しい問題が新たに生じる可能性がある。

9.3.3　シュンペーター仮説

　先にも述べたように，新たな生産方法や生産組織そして新たな製品開発を可能にする技術革新があればこそ，企業さらには経済全体が発展すると説いたシュンペーターにとって，それを可能にするのは，小規模な完全競争企業ではなく，大規模で，産業を独占する力をもつ企業であった。独占にはそれに伴って生じる弊害があるものの，こうした弊害を補って余りある新技術の開発を実現させるだけの潜在的力があることを彼は指摘したのである。

　独占という産業の形態がなぜ技術革新にとってプラスの効果をもつのか，それにはいくつかの理由が考えられる。第一に，これまで指摘したことであるが，技術革新をもたらす研究開発には多大なリスクの負担が必要になる。市場を独占している規模の大きな企業であれば，開発のための投資を分散化

してリスクを軽減できる。第二に、研究開発を効率的に行うためには、それに先行して、設計、生産、販売の各セクションが何を求めているのかその要求を知ることが必要になる。また、研究開発が完了し、もしそれが企業にとって有用なものであれば、設計、生産、販売の各セクションをこうした成果に適応できるよう変化させていかなければならない。さらに、研究開発を構成する基礎研究、応用研究は、複雑にからみ合い、そのそれぞれが波及および連鎖効果をもつ。このように、規模の経済性を必要とし、またそれを結果として生み出すためには、大規模な固定投資が必要とされる。第三に、こうした大規模な投資を行ううえで求められるのが資金調達力である。独占的な大企業であれば、その豊富な内部留保を資金源に用いることが可能になるし、たとえ外部から資金調達をするにしても、その信用力によって有利な条件に導くことができる。

　独占という産業形態が技術革新を促進するのに対し、完全競争のもとでは逆に技術革新はあり得ないとしたシュンペーター仮説は、もし技術が占有不可能であれば正しい。なぜならば、新技術を開発した完全競争企業が、それにより平均費用を引き下げたとしても、いずれ他の企業もこうした技術を取り入れ、同一の平均費用が産業全体にもたらされる。その結果、すべての企業の利潤も再びゼロとなり、結局、開発費をかけた企業のみがその費用の分だけ損をすることになる。こうした状況のもとでは、企業にとっては、技術開発を行わず他企業の技術開発にただ乗りすることが最善の方策となり、産業全体として新技術が生み出されることはない。しかし、もし技術が占有可能という性質をもつならば、独占に比べて完全競争の方が技術開発に対するインセンティブは高くなる。以下で、このような指摘の論拠について明らかにしてみよう。

　図9.1において、AG^1 は産業全体の需要曲線、AD^1 は限界収入曲線を示している。いま、単位当たり一定の限界費用（＝平均費用）が技術開発により c_1 から c_2 へと低下したとしよう。もし独占であれば、技術開発以前の利潤最大化をもたらす生産量（価格）は限界費用と限界収入が一致する均衡点 D^1 に対応する $q_1^M(p_1^M)$ となる。また、独占の場合、独占利潤は三角形 AC^1D^1 によって示される。ここで技術開発が成功した場合、その均衡点は

9.3 研究開発と技術革新

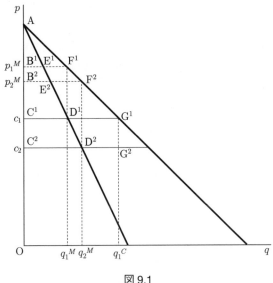

図9.1

D^1 から D^2 へ移動し，生産量（価格）は $q_2^M(p_2^M)$ に，利潤は三角形 AC^2D^2 に変化する．これより技術開発の結果，利潤は $C^1C^2D^2D^1$ だけ増加することがわかる．

一方，産業が完全競争下にあるときには，限界費用と価格が一致する G^1 が均衡点となり，生産量（価格）は $q_1^C(c_1)$ で示される．また，利潤は，

価格＝限界費用＝平均費用

が成立するので，ゼロとなる．先に述べたように，技術が占有可能なもとで開発が行われ，限界費用が c_1 から c_2 へ低下したときに，開発に成功した企業（仮に a 企業とする）はどのような戦略をとるであろうか．a は c_1 からほんの少し下の c_1 にほぼ等しい価格を付ければ，他のすべての競争企業を市場から退出させ市場を独占できる．その場合，利潤はゼロから一気に，$C^1C^2G^2G^1$ によって表される面積に増大する．

以上の考察を要約すると，産業が独占の場合，技術開発による利潤増は $C^1C^2D^2D^1$，完全競争の場合の利潤増は $C^1C^2G^2G^1$ であることが明らかになった．このことは，新技術を開発するインセンティブについては独占企業よりも完

全競争企業の方が大きいことを表している。こうした結果が得られるのは、独占企業が発明に成功した場合に、そこからもたらされる利潤の増加は、あくまでも独占利潤の増加であるのに対し、完全競争企業の場合には、それまでの完全競争下の利潤から独占企業への利潤の増加に変質し、競争のあり方そのものを変化させてしまうからである。

以上の一連の考察から、企業形態として独占企業と完全競争企業のいずれが技術革新に対してより強いインセンティブをもつのか必ずしも断定することができないことがわかる。確かに、シュンペーターが指摘した通り、多大な時間を必要とする研究開発を実行し、さらにそこに必然的に伴うリスクを軽減するためには、豊富な内部資金をもち、事業を多角化させた規模の大きな企業の存在が必要である。他方、独占企業と完全競争企業の理論モデルから導かれた研究開発に対する完全競争企業の優位性という結論についても、その仮定を認める限り異を唱えることはできない。では、実証研究からはどのような結論を引き出すことができるのであろうか。例えば、企業規模と研究開発の間に正の相関があるかというと、実証結果はそれに対して肯定的なものもあれば、否定的なものもある。また、視点を変えて、市場集中度と研究開発の関係について見てみても、正の相関を認めた研究もあれば、逆に負の相関を主張する研究もあり、そこには様々な結果が導き出されている[1]。

---

[1] シュンペーター仮説に関する実証研究については、アメリカでは Cohen & Levin [1989]、日本では小田切［2001］などを参照。

10

ネットワーク型産業

10.1　ネットワーク外部性

　すでに第6章の6.3節で述べたように，これまで明らかにした産業組織についての議論は，主として鉄鋼，自動車，石油あるいは各種の化学産業などに代表される工業製品を念頭においたものであった。こうした工業経済においては，寡占などに代表されるように，比較的少数の企業が市場を支配し，そのシェアも緩やかにしか変化しない。その理由は，ある企業にとって，プラスの効果が働くと，ますますこの効果が強められる，つまり成功がますますの成功をもたらすという好循環の流れ（この現象をプラスのフィードバックとよぶ）が，従来型の経済では主として供給サイドでのみ生じることが多かったからである。そこでは，生産規模が拡大すると，一単位当たりのコストが下がり，その結果，企業はさらに規模を大きくすることで，その優位性を高めることができる。こうして，供給側の要因により，企業は成長を実現することが可能であった。しかし，企業規模が大きくなり過ぎると，やがては市場のもつ潜在的な競争力により，あるいは組織運営に伴う様々なマイナスの効果により，その成長に歯止めをかけられてしまう。このように，製造業を中心とする経済では，最初のうちはプラスのフィードバックが働くが，ある一定規模を超えると逆にマイナスの効果が急速に表れる。大企業が高コストに苦しむ中，中小の企業はその身軽さを活かして市場における競争力を

維持，拡大し，ある特定の企業が独占的な利益を得ることを阻む。

一方，ネットワークを中心とする経済では，プラスのフィードバックが供給サイドだけでなく需要サイドでも生じ，むしろこの需要サイドのフィードバック効果の方が強い。ここでネットワークと述べたが，それは輸送，通信など路線，電話線を中身とする物理的なネットワークを示すだけでなく，目に見えない形での線のつながりにより支えられているバーチャルなネットワークをも意味する。より具体的に述べると，鉄道網，航空網，電話網といった目に見えるネットワークをはじめとして，電子メール，ATM，インターネット，パソコンのユーザー，ゲーム機など目に見えない形でつながっているネットワークもこれに含まれる。そして，それらに共通するのは，あるネットワークに接続することでどのくらいの価値を得ることができるのかは，他に何人のユーザーがそのネットワークに接続しているかによって定まるという特質である。例えば，大多数のユーザーとつながれないハードウエアやソフトウエアを使っているユーザーは，極めて不利な立場におかれる。

このように，消費者が他の消費者の行動を見ながら自分の購買決定を行う，という需要サイドの動向が中心となる製品市場においては，同一のネットワークを利用するユーザーが多ければ多いほど各ユーザーにとってその利用価値が高くなる。こうして，消費者の間に，ある企業の製品が主流になるという予想が広がれば，その製品の販売はますます伸び，逆にそうでなければ，その製品は伸び悩む。ここで見られるのは，規模の経済という現象が需要サイドを中心とするということと，限界的な費用があまりかからないという供給サイドがもつ性質が相まって，プラスのフィードバック効果がこれまで以上に強く働く経済が現代の主要産業を構成しているという事実である。確かに，供給サイドの規模の経済と需要サイドのそれは，何も目新しいものではなく，従来の産業でも見られたものであるが，この両者が組み合わさり互いに反応し合うことにより，その効果をますます拡大させていくというのは，ネットワーク型産業を特徴づける新しい現象である。このように，ある市場参加者が対価を支払わずに他の人の行動に影響を及ぼすことを，経済学では外部性とよぶが，ネットワークにおいて需要と供給の両サイドの外部性が影響し合い，加速度的にその効果を高めていくような動きをネットワーク外部

性 (network externality) と名付ける。こうした外部性が支配する経済では，需要サイドで，ある製品の人気が高まれば，供給サイドでますますコストが下がり，その結果，多くの他の顧客にとってその製品の魅力が増大していく。そうすると，需要の伸びにますます拍車がかかり，ネットワークとしての魅力がさらに高まる。つまり，強いプラスのフィードバックの存在により，ある企業は瞬く間に独占企業にのし上がり，逆に，マイナスのフィードバックにとらえられた企業は，あっけなく市場から消え去る。こうして，ネットワーク型産業では，工業型産業の時代よりもはるかに目まぐるしく興廃が繰り返されることになる[1]。

10.2 ケース・スタディ

ここで，需要サイドと供給サイド両方を同時に巻き込む形でもたらされるネットワーク外部性を端的に示す２つの事例を見てみよう。ただし，これら事例を見れば明らかように，ネットワーク外部性という概念は目新しいように見えても，決してそうではない。本書では，第6章「戦略的補完性と協調ゲーム」においてすでに考察した概念である。そこでは，ある主体の行動の強化が他の主体の行動の限界利得を高め，その結果，他の主体のいっそうの行動の強化をもたらすことを戦略的補完性と名付け，こうした戦略的補完性を中心として社会，経済についての分析を行うのが協調ゲームであると述べた。協調ゲームの特徴を一言で述べると，行動主体の反応関数が右上がりになることである。以下の事例は，ネットワーク外部性がまさに協調ゲームの一種であることを端的に示している。

10.2.1 レーザーディスクとビデオテープ

この事例は，クルーグマン (Krugman [1996]) により，自己組織化モデルの一つとして取り上げられている。

いま，消費者が２つの技術，レーザーディスクとビデオテープのうちどち

---

[1] 詳しくは Shapiro & Varian [1998] を参照。

らかを選択するものとしよう[2]。消費者にとって最大の関心事は，この2つのいずれかを選ぶとき，レンタル店で映画のソフトがどちらの方式で利用できるかということにある。逆に，レンタル店でのサービスの提供は，レーザーディスクとビデオテープが消費者市場においてどの程度の市場占有率をもっているのかに依存する。つまり，レンタル店にある映画ソフトがほとんどビデオテープであれば，多くの人はビデオテープを選び，そして多くの人が借りようとしているのがビデオテープであれば，レンタル店も映画ソフトをビデオテープの形でおいておく。

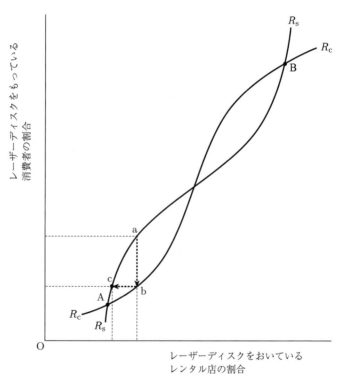

図 10.1

---

[2] レーザーディスクとビデオテープの関係は，MacとWindows，あるいはVHSレコーダーとβレコーダーに置き換えてもよい。

10.2 ケース・スタディ

　図10.1はこうしたシステムがどのように動いていくかを示したものである。ここで，水平軸には，レーザーディスクをおいているレンタル店の割合を，垂直軸には，レーザーディスクをもっている消費者の割合をとっている。曲線 R_c は，レーザーディスクをおいているレンタル店の割合を所与とした場合，消費者がどれだけの割合でレーザーディスクをもとうとしているのかを示す，いわば消費者の反応曲線である。逆に曲線 R_s は，レーザーディスクをもっている消費者の割合を所与とした場合，レーザーディスクをおこうとするレンタル店の割合を示す，レンタル店の反応曲線である。それぞれの曲線はS字型カーブに描かれているが，これは所与とする一方の割合がある臨界点を過ぎると，他方の反応が急激に高まることを仮定しているからである。

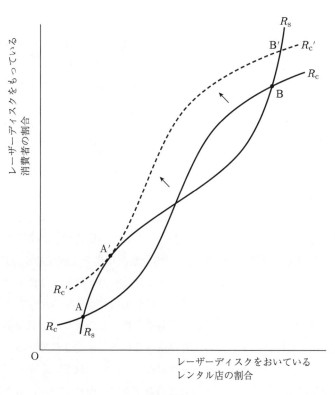

図 10.2

図から明らかなように，ここで均衡点は3つあるが，安定的なのはA点とB点の2つである（例えば，最初に R_s 上のa点が与えられたとしよう。このとき，消費者にとってはb点に移動することが最適となる。さらに，b点が与えられると，レンタル店はc点に移る）。A点はビデオテープが支配する世界であり，一方，B点ではレーザーディスクが市場の大半を占めている。

いま，市場がA点で示される状況にあるとしよう。そこではビデオテープが主流であるが，新たな技術革新が，次第にレーザーディスクの優位性を高めるような方向に働いたとする。このとき，反応曲線 R_c は上にシフトし（図10.2の R_c' 曲線で表す），均衡点はA点からA′点に移動する。この結果，以前よりレーザーディスクの占める割合が少し増大する。しかし，R_c' 曲線がもう少しでも上にシフトすると，均衡点は右上の一点によってのみ与えられ，ビデオテープが排除されたレーザーディスクのみが支配する世界がもたらされる。この例は，需要サイドと供給サイドが互いに影響を及ぼすことによりプラスのフィードバック効果が猛烈な形をとり，一挙に独占的な製品市場が形成されることを示している。

10.2.2　キーボード文字の配列

上述の例は，人々の行動が，どれだけ多くの人がその行動をとるか，あるいはどれだけの頻度でその行動をとるかによって大きく左右され，そのことが市場にもたらす結果をよく示している。つまり，同じような行動をとる人の割合が高ければ高いほど，その行動をとることの優位性が高まるため，ある臨界点を超えると爆発的な形で一つの行動が市場を支配するようになる。シェリング（Schelling [1978]）は，こうした人々の行動をクリティカル・マスと名付け，様々な社会行動がなぜある特徴的な結果を生み出すのかを詳細に分析した。そこでは，人々の自己利益を目指したミクロ的行動が必ずしも社会的に好ましい状態をもたらすとは限らないことが示されている。

以下では，タイプライターやワープロなどで用いられているキーボード文字の配列を例にとりながら，ある方式の方が効率上優れているにもかかわらず，なぜ効率的に劣る方式が依然として採用され続けているのかを考察して

10.2 ケース・スタディ   105

みよう[3]。

　現在標準となっているタイプライター(ワードプロセッサー)のキーボード文字の配列は，最上段の文字が左から「QWERTY」の順に並んでいるため，QWERTY 配列とよばれている。この配列は，1873 年に生み出された配列で，最も使われる文字間の距離が最大になるように設計されている。その理由は，わざわざタイピストの打鍵速度を遅くすることにより，手動タイプライターのキーが絡んで動かなくなることを防ぐためである。そして，それ以後，この配列がタイプライターの事実上の標準形になった。しかし，現在では，パソコン上でワードプロセッサーが用いられるため，絡むという問題は完全に消滅した。実際，20 世紀初頭には，DVORAK 配列というタイピストの指の動く距離が 50% も減るように設計されたレイアウトが考案されている。では，なぜこのようにもっと効率の良い配列があるのにもかかわらず，QWERTY 配列が選ばれ続けたのであろうか。それは，QWERTY がほとんどすべてのタイプライターにおいて確立されたシステムでは，タイピストは，使い慣れた配列を捨てて，別のキーボードを学ぼうとしないし，新しくタイプライターを学ぼうとする人も，QWERTY に慣れ親しんだタイピストから同じ配列を学ぶ。そのため，タイプライターやキーボードのメーカーは，これまで通り，QWERTY を生産し続けることが理にかなう。

　いま，この問題を図を用いて説明してみよう。カギとなるのは，これまで述べてきたネットワーク外部性という概念である。図 10.3 において，横軸は，QWERTY を使用しているタイピストの割合(% で示す)(したがって，100% までの残りの部分は例えば DVORAK を使用しているタイピストの割合)を，縦軸は新しくタイピストになる人が，QWERTY を習う割合(%)を示している。また，45 度線を下から横切る形で表されている反応関数が 70% 前後で急速に上向きになっているのは，そのあたりでプラスのフィードバック効果が一気に高まるからである。図では，それを 70% としているが，これはDVORAK 配列の技術的優位性を考慮してのことである。

――――――――――――――――――――
　[3] ディキシットとネイルバフは，この問題を協調ゲームの中で取り上げている(Dixit & Nalebuff [1991])。

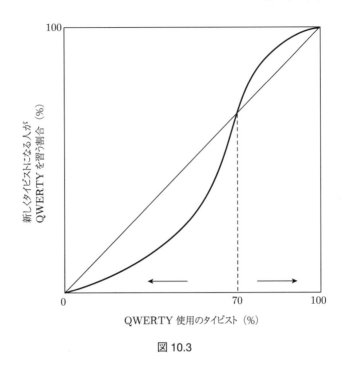

図 10.3

　図から明らかなように,ここでは3つの均衡点があるが,そのうち真ん中の点は不安定な点であり,実際に実現されるのは,QWERTY配列が100%を制するか,あるいは0%になってしまうかのどちらかである。そして,それが100%になっているのが現実にもたらされている状態なのである。ここから判断できることは,技術的に優れた方式が必ずしも実現されるとは限らないという事実である。パソコンの導入により,はるか昔に消え去ったタイプライターの絡まりを除去するための工夫が,いまだにパソコンのキーボード上に生きているわけである。もちろんこれを克服するための手段が無いわけではない。DVORAKを使用するタイピストの数を,30%をわずかに超えさせることができれば,後は自動的にDVORAKの世界が訪れる。

補論：産業組織としての農業

荒山裕行

「産業組織としての農業」の執筆にあたり，拓殖大学政経学部教授杉浦立明氏，愛知淑徳大学ビジネス学部准教授渡邉 聡氏，京都産業大学経済学部博士後期課程竹中昂平氏，および犬塚章栄氏のご協力を頂いた。

食糧需給と農業

　日本農業の推移を概観すると，日本国内での農業生産が大幅に減少したにもかかわらず，勤労者と比較して一定の農工間所得格差を保ちながら，農家所得（兼業収入などを含む家計としての所得）は維持されてきた。多数の農家が農業という産業を構成しているという組織構造のもとで，どのような経済的メカニズムがこの状況を生み出し得るのかを理解するには，農業における産業組織の解明が必要となる。

　農業経済学が農家（農業生産と消費を同時に行う家計）を分析の対象としてとらえるのに対し，ここでは産業組織（農業生産を担う農業主体とそれらが構成する産業としての農業）の立場から農業をとらえることを試みる。しかし，農業を担う家計としての農家と，産業組織としての農業を区別することの意味とその重要性への理解を促すことは困難を極めることになる。

　この理由は，文明が農耕の歴史とほぼ時を同じくして始まったとすれば，農業の歴史が数千年に及ぶ長さをもち，過去数千年の間，「農民」（大半の人々とその家族）が農業を脈々と営み続けてきたという事実にある。言い方をかえれば，私たちの多くは数代遡ればおそらく農業に従事しており，その家は「農家」であったであろうことから，農家が農業を担っていると考えることを不自然と感じることはあり得ない。日本では，第二次世界大戦後GHQの指導のもとで，1947年に政府によって自作農の創出を目的に先祖代々の小作地を所有地に換える農地改革が行われ，家族で担う農業が一般的となった。因みに，第二次世界大戦後の1950年で就業者の実に45.4%が農業に従事しており，自作地をもつ農家が農業生産を担っている姿を前提に考えると，少々

荒っぽい表現が許されるならば，農業は家族（つまり農家）によって支えられ続けてきたと受け止めることがごく自然であった。

しかし，産業組織の観点から農業を分析する場合，「農業が農家によって担われている」ととらえることには一つの問題が生じる。すなわち，製造業（以後，より一般性をもたせるために工業とよぶ）を分析する際には，それは労働力とそれを雇用する企業からなるという枠組みで考えるのが一般的であろう。他方，（農業という）産業の行動を（農家という）家計の行動によってとらえようとすると，両分野を一貫した枠組みで分析する視点が失われる[1]。この問題を解決するためには，本来的に農家が存在するのではなく，農業を営む労働者のいる世帯が農家であると定義すること，農業を担っているのは農家ではなく農業経営主体（以後，農業主体とよぶ）であると考えることが必要となる。

先に述べた通り農業は極めて長い歴史をもち，かつ，遊牧・酪農から畑作・稲作，施設栽培まで極めて多様な形態をもっている。このため，ここでは，第二次世界大戦後の日本の農業に絞って統計データを示し，それに基づき産業組織の観点からの農業の分析を進めることとする。

まず，日本農業の動きを統計数字としてとらえてみよう。ただし，日本における農業関連所得などの統計は，基本的に農家（農家世帯当たり）を調査単位とすることから，雇用労働（一人当たり）をベースとする産業組織の観点からの分析との比較対照においては注意を要する。

A.1　食料の需要と食料需給状況

食料の消費者物価指数を工業製品のそれと比較することで，食料を供給する産業としての農業の特徴を確認してみよう。ここでは，食料の特徴を際立たせるため，パソコンなどの情報機器を比較対象の工業製品として選んである。洗濯機，冷蔵庫，テレビ，クーラーなどの家電製品を選んだとしても，

---

[1] 統計に製造業と記載されている場合は，製造業という表現を用いる。さらに以下では，食糧と食料の2つの表現については，当該箇所に関連する統計で使われている名称に合わせ使い分けている。なお一般に，「食糧」は主に主食をさす場合に使われる。

A.1 食料の需要と食料需給状況

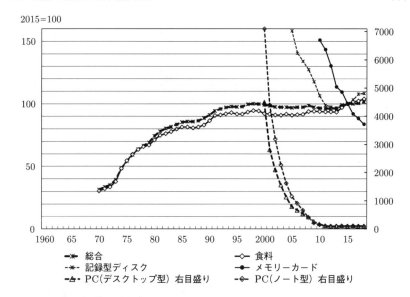

資料:総務省統計局「消費者物価指数」
注1:電子データとして1970年以降のものが公開されている。
注2:PCは2000年から,記録型ディスクは2005年から,メモリーカードは2010年からの電子データが利用可能である。

図A.1 食料とIT機器に関連した消費者物価指数(2015年=100)
PCについては,第2軸(右目盛り)で表示

これほどまでに急激な物価指数の低下はなかったにせよ同様の趨勢は見られたものと思われる。

図A.1から観察される食料および情報関連機器(工業製品)の価格を消費者物価指数の動きで見ると,(1)食料価格は1980年までは増加傾向を示すがその後安定的に推移している,(2)情報関連機器の価格は,それが導入された瞬間は非常に高いものの,その後急激に価格を下げ,同時に(食料価格ほどではないにせよ)安定的に推移している,(3)図A.1の全期間にわたり食料価格は総合消費者物価指数と非常に近い動きを示している,という特徴を見せている。この動きの違いの裏側には,食料がそれまで農業生産を行っていた農家によって供給された一方,情報機器は新たに参入した企業によって供給されていたことがあげられる。

次に,食料の需給状況について,表A.1のコメ・小麦の需給動向から見

補論 A　食糧需給と農業

表 A.1　コメ・小麦の需給動向

年度	1960	1965	1970	1975	1980	1985	1990	1995	2000	2005	2010	2015	2016
国内生産量(万 t)													
コメ	1286	1241	1269	1317	975	1166	1050	1075	949	900	855	843	855
小麦	153	129	47	24	58	87	95	44	69	88	57	100	79
国内消費仕向量(万 t)													
コメ	1262	1299	1195	1196	1121	1085	1048	1029	979	922	902	860	864
小麦	397	463	521	558	605	610	627	636	631	621	638	658	662
自給率(%)													
コメ	102	95	106	110	100	107	100	104	95	95	97	98	97
うち主食用									100	100	100	100	100
小麦	39	28	9	4	10	14	15	7	11	14	9	15	12
一人当たり年間コメ消費量(kg)	115	112	95	88	79	75	70	68	65	61	60	55	54
供給熱量ベースの総合食料自給率(%)	79	73	60	54	53	53	48	43	40	40	39	39	38

資料：農林水産省「食料需給表」
注 1：農林水産省の資料では，「一人当たりコメの年間数量」を一人当たりコメの消費量として活用している。
注 2：品目別自給率＝国内生産量／国内消費仕向量，国内消費仕向量＝国内生産量＋輸入量−輸出量±在庫増減量

てみよう。コメの一人当たり年間消費量は 1960 年の 115 kg から 2016 年の 54 kg へと大きく減少し，コメの生産量は，1286 万 t から 855 万 t へと減少した。同期間に，1 か月の食料支出に占めるコメの割合（二人以上の世帯のうち勤労者世帯）についても，24.5% から 2.3% にまで大幅な低下を見せた。自由競争下でコメの需要の減少に伴って超過供給が生じれば価格は下がる。しかし，一般に主食穀物消費の価格弾力性は大きくないので，生産量の調整が進むことになる[2]。

コメと並んで主食用穀物である小麦の自給率も同期間に 39% から 12% に低下し，供給熱量ベースの総合食料自給率は 79% から 38% へと急速に低下した[3]。主食穀物需給に生じたこの大きな変化にもかかわらず，食料価格は

---

[2]　主食穀物（特にコメ，小麦）消費の所得弾力性が低く，他の財との代替が効かないことから，所得に占める主食穀物消費のシェアは高度成長期まで大きかったにもかかわらず，価格弾力性は低くなる。
[3]　主食用穀物には，コメ，小麦の他に，大麦，はだか麦が含まれる。なお，自給率は慣例的に小数点なしに使われてきているので，ここでも小数点を付けた表現はとってない。さらに，自給率の算出に当たり，（食糧不足に備えた）備蓄米の放出があればその放出量はその年の供給量に含まれる。

安定的な推移を示し続けている。

A.2　農業の国内生産額と輸入額

　図 A.2 は，主な産業別名目国内総生産の推移を示している。産業計は 1960 年の 15 兆 2100 億円から，2016 年の 534 兆 2900 億円へと約 35 倍の成長を遂げた。その中で農林水産業は 1960 年の 2 兆 1000 億円から，2016 年の 6 兆 1900 億円へと約 3 倍の成長を遂げた。成長はしているものの，GDP に占める農林水産業のシェアは減少を続けている。ここで，生産額を大きく伸ばしているその他の産業には，運輸・郵便業，金融・保険業，不動産業，教育，保健衛生・社会事業などが含まれる。

　次に，図 A.3 は名目 GDP に占める産業別名目国内総生産の割合を示している。これを用いて日本経済において農業が占める規模について見てみよう。名目 GDP に占める農林水産業は 1960 年には 13.8％のシェアをもっていた

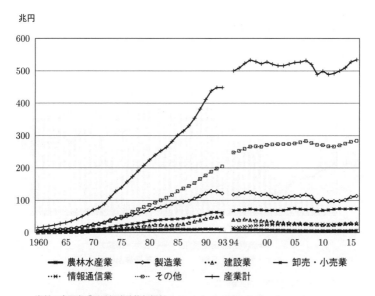

資料：内閣府「国民経済計算年報」
図 A.2　主な産業別名目国内総生産の推移

補論 A　食糧需給と農業

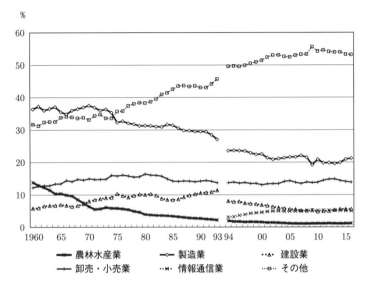

資料：内閣府「国民経済計算年報」

図 A.3　産業別名目国内総生産の割合

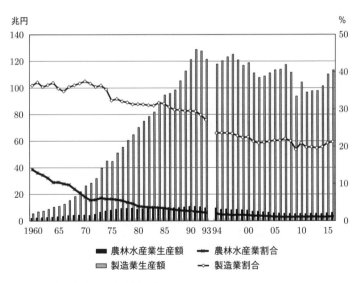

資料：内閣府「国民経済計算年報」

図 A.4　国内総生産における農業と製造業（名目）

が2016年には1.2%へと，約1/12にまで低下した[4]。製造業および卸・小売業のシェアはそれぞれ36.4%から21.2%，12.2%から13.7%に変化している。農林水産業，製造業，建設業，卸・小売業に代わり情報通信業およびその他の産業が大きくシェアを伸ばしていることは注目に値する。

なお，図A.4は，農林水産業と製造業（工業）に焦点を絞って，産業構造（それぞれの国内総生産額とそのシェア）の変化を見たものである。製造業と比べ，農林水産業のシェアは際立って低下していることがわかる。

図A.5の通り農産物の輸入額は1960年以来急速な伸びを示し，2015年には6兆6000億円に達している。しかし，輸入総額に占める農産物のシェアは大きく低下した。

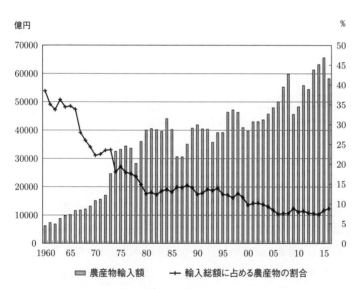

資料：農林水産省「農林水産物輸出入概況」

図A.5　農産物輸入額の推移

---

[4] 内閣府「国民経済計算年報」に基づいた図A.2，図A.3，図A.4，図A.10では，1968SNAから2008SNAに変更となったことにより，データに連続性はない。

A.3 農産物価格指数・交易条件・固定資本形成・生産性の推移

　農産物価格指数および名目付加価値生産性の推移について見てみよう。図A.6は、農産物全体とコメの価格の推移を2015年を100とし示している。1969年に食糧管理法が改正されてから1995年に廃止されるまでコメの政府買い入れ価格が上昇し続けている。コメの国際価格を示した図A.7を見ると、食糧管理制度を通して、いかに日本においてコメの価格が引き上げられてきたかがわかる。

　農業の交易条件は、農業の収益性を示す一つの指標であり、「農産物価格指数÷農業生産資材価格指数」として算出される。図A.8で農業の交易条件の推移をみると、1990年代初頭までは改善傾向にあったものの、それ以後、原油価格、輸入飼料価格の上昇などを原因として悪化傾向に転じている。これは、農産物の売値を代表する農産物価格指数が減少傾向にあり、農機・肥料・農薬・飼料など農業生産資材の仕入値を代表する農業生産資材価格指数が上昇傾向にあることに起因している。

　農業生産において労働から得られる報酬は、労働の投入量とそれと組み合わせて生産に用いられる資本量によって決定される[5]。次節でみるように、農業に投入される資本の大半を占める経営耕地をみると1950年の509万haから2015年には292万haへと減少している。図A.9で固定資本形成のうち農機具をみると、1975年以降2005年までの期間には年間1兆円強の投資がなされていた。固定資本形成の最大項目は土地改良であり、1978年以降2004年まで2兆円レベルの投資が行われていたことがわかる。

　図A.10は産業別に見た名目付加価値労働生産性を表している。一見してわかるように、農林水産業の名目付加価値労働生産性は製造業のそれに比較して低いレベルで推移している。ここで注意すべきは、食糧管理制度が1995年に廃止されるまでは米価の引き上げが継続的に行われ、さらにこれと並行して農工間の所得格差による農業就業者数の急速な減少が進行してい

---

[5] 黒田他[1997]の推計では、例えば1980年において、農機具などの農林水産業の資本（約22兆円）は、農地（約203兆円）の11.2%に過ぎない。よって、農業生産においては農地は労働と並ぶ主な生産要素となっている。

A.3 農産物価格指数・交易条件・固定資本形成・生産性の推移　　　117

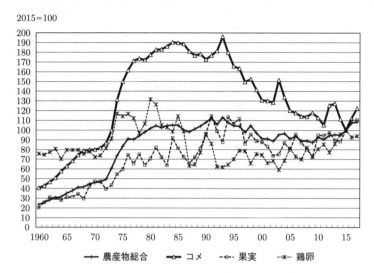

資料：農林水産省「農業物価統計調査」

図 A.6　農産物類別価格指数（2015 年 = 100）

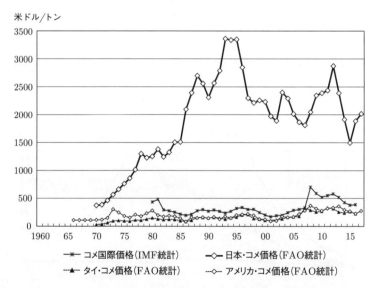

資料：FAO：http://www.fao.org/faostat/en/#data/PP, IMF Primary Commodity Prices
注 1：IMF 統計のコメ国際価格は，Rice, 5 percent broken milled white rice, Thailand nominal price quote による。月次データから年次データを算出した。
注 2：FAO 統計から Rice, paddy の Producer Price（USD/tonne）を示した。なお，1970 年から 1990 年の間は，現地通貨表示を FAO 統計の通貨レートを利用して，米ドル表示に換算した。

図 A.7　コメの価格の推移（米ドル表示）

補論 A　食糧需給と農業

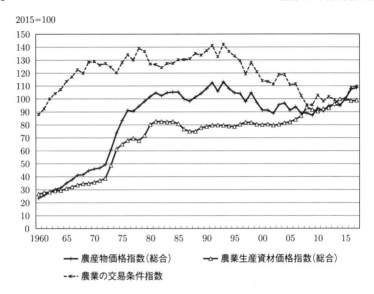

資料：農林水産省「農業物価統計調査」
注：1995 年基準改定時に年度指数から暦年指数に変更されている。

図 A.8　農業の交易条件(2015 年 = 100)

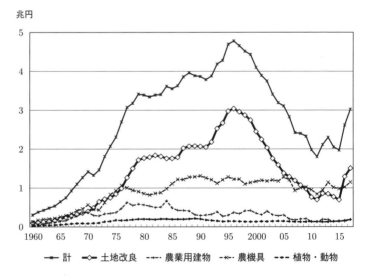

資料：農林水産省「農業・食料関連産業の経済計算」

図 A.9　農業総固定資本形成の推移(2011 年基準)

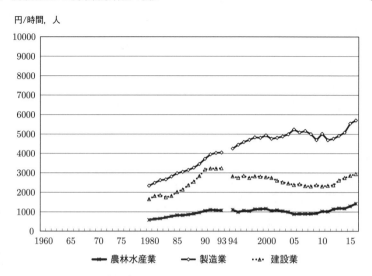

資料：内閣府「国民経済計算年報」
図 A.10　主な産業別に見た名目付加価値労働生産性の推移

たことである．米価の引き上げそのものが農業の名目生産性を引き上げる効果をもつことから，農林水産業においては技術進歩そのものがどれだけ生産性の改善をもたらしたかを測ることは難しい．一方で製造業では，就業者数が 1995 年頃まで増加し続けていたことから，技術進歩や付加価値の高い製品の導入によりその労働生産性の改善がもたらされたと考えられる．

A.4　農家数および農業就業者数の減少

食料の価格が長期間にわたって安定的に推移した理由を考えるにあたり，鍵を握るのは農家数と農業従事者数の減少である．

産業組織としてとらえた場合，製造業を代表とする工業と農業には次の違いがある．工業においては，企業の参入・退出がおおむね自由に行われてきた．一方，農業においては「農地法」の制約もあり自由な参入はほとんど見られなかったが，農業主体の実態では兼業の進展や離農の増大が見られた．参入は非競争的，退出は競争的という非対称現象が生じ，一方的な退出が進

補論 A　食糧需給と農業

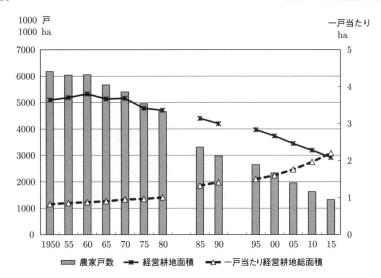

資料：農林水産省「農林業センサス累年統計―農業編―」
注：1980年までは総農家，1985年以降は販売農家，1995年以降は経営耕地のある販売農家の数値であり，データに連続性はない。

図 A.11　農家戸数，経営耕地面積，一戸当たり面積の推移（全国）

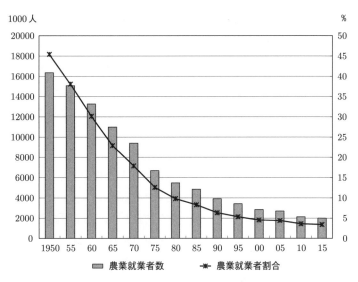

資料：総務省統計局「国勢調査」

図 A.12　農業就業者の推移

A.5 農家所得および農業所得　　　　　　　　　　　　　　　　　　　　121

んでいった[6]。

　図 A.11 により農家戸数の推移については，1950 年に約 618 万戸であった
農家戸数が 2015 年には約 216 万戸と 1/3 に減少している。経営耕地面積が
30 ha 以上または農産物販売金額が 50 万円以上の農産物を販売する販売農家
に限ってその戸数を見ると，133 万戸にまで減少している。同様に農業就業
者数も図 A.12 より，1950 年の 1636 万人から 2015 年には 200 万人へと減少
している。この変化を就業者に占める農業就業者の割合で見ると 45.4 % か
ら 3.4 % に激減している。農家戸数および農業就業者数の減少に伴い経営耕
地面積も，1950 年の 509 万 ha から 2015 年には 292 万 ha へと減少している。
ただし，農家数が減少したことで一戸当たり経営耕地面積は，1960 年の 0.88 ha
から 2015 年には 2.20 ha へと拡大した。

A.5　農家所得および農業所得

　表 A.2 および表 A.3 はそれぞれ農家一戸当たり農家所得および農業所得と，
勤労者世帯の年間所得の推移を示しており，図 A.13 は農家総所得，農業所
得および勤労者世帯の総所得の推移を示している。1960 年から 2016 年の間
農家数が大幅に減少していたにもかかわらず，農業から得られた所得である
農業所得はそれなりに安定し推移していた[7]。なお，2004 年調査から，農業
経営関与者（農業経営主夫婦および年間 60 日以上従事する世帯員）に限定し
て経営収支などを把握する調査体系に変更された。そのため，2003 年以前
に比べ農外所得（兼業からの収入など）が大幅に減少したことにより農家総
所得が減少している。

　農家の総所得が勤労者世帯のそれを上回ってきたのは，農家の世帯員数が
勤労者世帯より多いこと，および主に兼業から得られる農外所得が主たる家
計所得である農家を含んでいたことによる。2004 年から調査の対象が農業

---

[6] 2000 年に農地法が改正され，株式会社としての農業生産法人が認められたことから，
農家以外が農業への参入する道が開かれた。
[7] 1991 年以前の農家総所得は総農家一戸当たりの平均，1994 年から 2007 年までは全国
販売農家一戸当たりの平均，2008 年以降は農業生産物の販売を目的とする農業経営体（個
別経営）の 1 経営体当たりの平均である。なお，1975 年以前は沖縄県を含まない。

表 A.2　農家一戸当たり農業所得（名目）の推移

（千円）	1960	1965	1970	1975	1980	1985	1990	1995	2000	2005	2010	2015	2016
農家総所得	449	835	1592	3961	5594	6916	8399	8917	8280	5029	4660	4960	5212
うち農業所得	225	365	508	1146	952	1066	1163	1442	1084	1235	1223	1527	1851
うち農外所得	184	396	885	2268	3563	4437	5438	5453	4975	2191	1610	1472	1403
うち年金などの収入	40	74	199	546	1079	1413	1797	2022	2221	1598	1820	1946	1952

資料：農林水産省「農業経営統計調査」（2003 年まで），「経営形態別経営統計（個別経営）」（2004 年以降）
注：端数処理の都合で総所得とその内訳の金額は必ずしも一致しない。2004 年以降については，農業生産関連事業所得という項目が設けられたことにより，それを除いた内訳の合計金額は総所得より小さくなっている。

表 A.3　勤労者世帯の年間所得の推移

（千円）	1960	1965	1970	1975	1980	1985	1990	1995	2000	2005	2010	2015	2016	2017
勤労者世帯総所得	491	782	1355	2834	4196	5338	6261	6850	6753	6295	6248	6308	6324	6406
うち勤め先収入	458	729	1266	2669	3967	5035	5888	6437	6334	5926	5824	5827	5855	5926
うちその他収入	33	53	90	164	229	303	374	412	419	369	424	481	468	480
（参考）														
男性製造業労働者	260	509	1041	2334	3419	4269	5061	5530	5653	5579	5276	5470	5517	5527

資料：総務省統計局「家計調査報告」，厚生労働省「賃金構造基本統計調査」
注：端数処理の都合で総所得とその内訳の金額は必ずしも一致しない。

経営関与者の家計に限られたことから農家一戸当たりの農外所得が減少した。この図表から，以下の事実を読み取ることができる。(1)1975 年以降農家一戸当たりの農業所得（名目）はほぼ一定にとどまっている。(2) 農業経営関連者家計の農外所得を含む農家総所得は，勤労者世帯の総所得に比べやや低めではあるもののほぼ同様の速度での増加を示している[8]。

---

[8] 1991 年以前の農家総所得は総農家一戸当たりの平均，1991 年から 2007 年までは販売農家一戸当たりの平均，2008 年以降は農業経営体（個別経営）の 1 経営体当たりの平均となっている。

A.6 時間当たり所得（農家）および時間当たり現金給与（製造業） 123

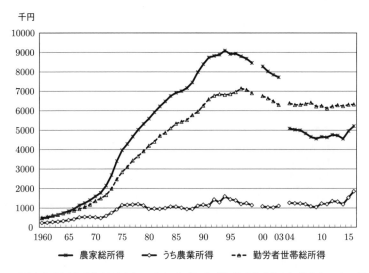

資料：農林水産省「農業経営統計調査」（2003年まで），「経営形態別経営統計（個別経営）」（2004年以降），総務省統計局「家計調査報告」
注1：1990年以前の農家総所得は総農家一戸当たりの平均，1991年から2007年までは販売農家一戸当たりの平均，2008年以降は農業経営体（個別経営）の一経営体当たりの平均となっている。
注2：1999年7月からは農林漁家世帯を調査の対象に取り込み，2000年1月からそれまでの「農林漁家世帯を除く」集計に加え，「農林漁家世帯を含む」集計も開始されたためデータに連続性はない。

図A.13 農家一戸当たり農業所得および勤労者世帯総所得の推移

A.6 時間当たり所得（農家）および時間当たり現金給与（製造業）

図A.14により，自営農業労働1時間当たりの農業所得の推移，および製造業時間当たり現金給与の推移を名目値で比べてみると，製造業時間当たり現金給与が1996年頃まで増加し続けたにもかかわらず，自営農業労働1時間当たりの農業所得は1975年以降わずかな伸びを示したに過ぎず格差が存在し続けた[9]。図A.15に示す通り，農業臨時雇いの1日当たり賃金と製造業定額給与の推移においても同様の傾向が見られるが，雇用関係を通して支払われる臨時雇の賃金は，男女ともに自営農業労働1時間当たりの農業所得に

---

[9] 農家所得のところで述べたように，2004年調査から，農業経営関与者に限定して経営収支などを把握する調査体系に変更された。そのため，図A.14および図A.15では2003年以前のデータとは連続性はない。

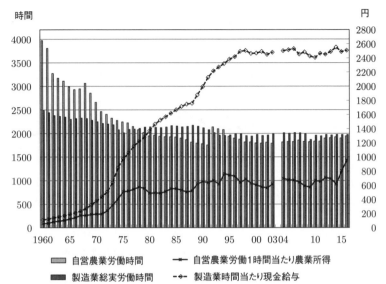

資料：厚生労働省「毎月勤労統計調査」，農林水産省「農業経営統計調査」(2003年まで)，「経営形態別経営統計(個別経営)」(2004年以降)

図 A.14 一戸当たり農家と製造業労働者の年間労働時間, 時間当たり賃金(名目)の比較

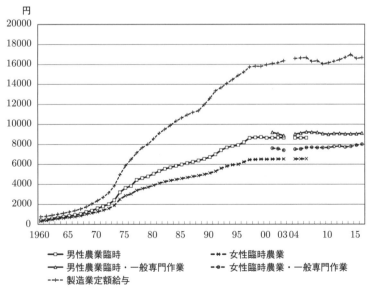

資料：農林水産省「農業物価統計」, 全国農業会議所「農作業料金・農業労賃に関する調査結果」, 厚生労働省「毎月勤労統計調査」

図 A.15 農業臨時雇いの1日当たり賃金

比べると，製造業定額給与の影響を受け，幾分かの増加を示している。しかし，明らかにその額の間には大きな開きが見られ，かつその開きは固定されたまま推移している[10]。

一国内の労働市場が単一の労働市場として機能していれば，このような開きが生じることはない。このことは，製造業に代表される農業労働以外の労働市場と農家の面している労働市場には，それらが均衡に向かうための調整を妨げる要因が存在することを示唆している。

A.7 日本農業の推移：何が説明されなければならないのか

時間軸でみた場合，産業としての日本の農業は，(1) 一人当たりのコメ需要量の半減および食糧自給率の急速な低下，(2) GDP に占める農業の国内総生産の割合の急速な低下と農産物輸入額の増大，(3) 国際的に高いコメの政府買い入れ価格，および低い農業の付加価値労働生産性，(4) 農家数の減少と農業就業者の急速な減少，(5) 農業所得の低迷と農外所得（主として兼業からの所得）の増加，(6) 時間当たり現金給与（製造業）と時間当たり所得（農家）間の格差の存在によって特徴づけられる。

産業としての日本の農業はその経済規模を急速に減少させた。しかし，農家は，勤労者世帯と一定の格差を保ちながら，その農家所得を維持してきた。すなわち，所得面で一般勤労者世帯との格差が一定以上広がらない状況，あるいは格差が縮小しないメカニズムが働いていたことになる。これらの背景にある経済構造を明らかにすることが以下の主要な目的である。そのために補論 B では，統計的事実を踏まえ，産業組織の視点から農業を分析する。

---

[10] 2005 年基準改定により，農業臨時雇賃金指数を廃止された。そのため，臨時雇い賃金は 2007 年以降は調査されていない。製造業定額給与（男女計）は，事業所規模 30 人以上の事業所において，決まって支給された現金給与額を出勤日数で除した数値である。

B

産業組織としての農業の推移

　補論 A では，第二次世界大戦後の日本農業の動きを概観した。農業は経済に占める産業規模を急激に低下させたが，これに伴う動きが，農家レベルおよび農業就業者レベルのそれぞれで観察されている。

　まず農家レベルで見てみよう。補論 A の図 A.13 では，農家所得（農業所得＋農外所得）および農業所得の変化を勤労者世帯のそれと比較している。2004 年から農業経営関与者（農業経営主夫婦および年間 60 日以上従事する世帯員）に調査対象が限定された。そのため，2003 年以前は兼業を主な所得とする世帯もデータに含まれているが，2004 年以降のデータからは調査対象から外れている。よって，2004 年以降をみると，農外所得が相対的に少ない世帯が調査対象であるため，農外所得が減っている。

　図 A.13 からは以下のことが読み取れる。(1) 農外所得（主として兼業からの所得）が増えたことによって農家所得は増加している[1]。(2) 1975 年以降農業所得自体はほぼ一定の水準にとどまっていた。兼業の進展によって農外所得が増加傾向にある中，農業所得は減少することなく，ほぼ一定の水準にとどまった[2]。

　次に農業就業者レベルでみると，製造業時間当たり現金給与が 1996 年頃

---

[1] 2003 年以前は，兼業を主たる所得とする農家もデータに含まれているため，農家一戸当たりの所得は勤労者所得を上回っている。一方で，2004 年以降は，農業所得を主たる所得とする農家にデータが限定されているため，農家一戸当たりの所得は勤労者世帯を下回った。

[2] 2004 年以降のデータでは，農業所得を主たる所得とする農家に限定されているが，2003 年以前とほぼ同様の水準である。

まで増加し続けているにもかかわらず，自営農業労働1時間当たりの農業所得は1975年以降わずかな伸びを示したに過ぎず，農工間の時間当たり報酬の格差は固定され，図A.15に見られるように，農業臨時雇いの1日当たり賃金と製造業定額給与の推移においても同様の傾向があった。

農業を産業組織の視点からとらえようとするのであれば，農業の産業規模が急激に縮小する中にあって農工間格差が存在しその格差が一定以上広がらないメカニズムが存在し，下支えされてきたかに見える状況の背景にある構造を理解する必要があろう。

B.1 農工間格差と農業労働時間当たり所得の増加のメカニズム

高度経済成長期に米価は食糧管理法に基づき政策的に引き上げられ続けた。高度成長と米価引き上げが農業に与えた影響を分析するにあたり，まず図B.1を用い政府による米価引き上げがない場合，次に図B.2で米価引き上げがある場合について考えてみよう。図B.1および図B.2はどちらも，時間軸でとらえた場合の製造業時間当たり現金給与および農業労働時間当たり所得の推移を説明するための概念図である。

(1) 米価引き上げがない場合

図A.1にあるように，製造業はIT機器の例に見るように次々と新製品が導入されてきた。また，図A.10にあるように，製造業における名目付加価値労働生産性の伸びは，農林水産業に比べて高い。このため図A.14のように，経済成長に伴う製造業時間当たり現金給与の伸びは，農業労働1時間当たり農業所得より高い。この状況は図B.1において，①の製造業時間当たり現金給与線と，③の農業労働時間当たり所得線で示されている。①と③の矢印は，それぞれの時間的経過に伴う変化を示している。

製造業時間当たり現金給与の上昇の要因は，次々に新製品が導入されたことおよび労働生産性の伸びである。一方で，農業労働時間当たり所得の上昇の要因は，②が示すように継続的な農業労働投入の減少であり，そのために農工間格差を伴いながらも農業労働時間当たり所得は上昇してきた。

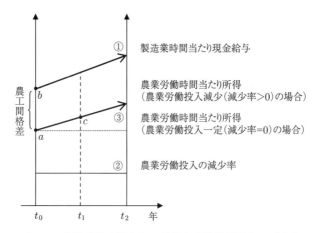

図 B.1 農業労働時間当たり所得と農業労働投入の減少率

理論的には，労働時間の減少は労働の限界生産力を増加させる。農業労働投入（農業労働時間）は，図 A.11 に見るように，農家数の減少によって一戸当たり経営耕地面積は 1960 年からの 50 年間で倍増している。一戸当たり経営耕地面積の増加によって，農業労働 1 時間当たりの農業所得は同期間に 2 倍を越える伸びを示している。農業労働時間当たり所得の伸びには，図 A.9 にある，農業総固定資本形成の寄与も存在する。

もし②の示す農業労働投入の減少が存在しなかった（農業労働投入が一定，もしくはその減少率＝ 0）とすると，農業労働時間当たり所得は図 B.1 に点線で表されているように一定にとどまることから，時間の経過とともに農工間格差は拡大し続けていたことになる。

(2) 米価引き上げがある場合

図 B.2 は，農工間に所得格差がある状態が描かれている。この所得格差を改善するための米価の引き上げ政策がとられた場合の農業労働時間当たり所得線が③′ に示されており，t_0 において米価が a から b へ引き上げられたとしている。米価の引き上げの行われた瞬間には，図 B.1 に比べて農工間の所得格差が ab から $a'b$ に縮められている。

B.1 農工間格差と農業労働時間当たり所得の増加のメカニズム

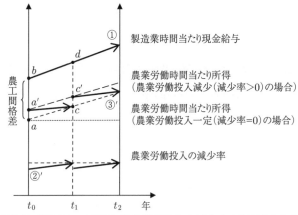

図 B.2 農業労働時間当たり所得と農業労働投入の減少率（米価引き上げあり）

　米価引き上げによる時間当たり所得の農工間格差の縮小は，農業部門における兼業や離農の誘因を弱める。つまり農業労働投入の減少によって農業労働の限界生産力を上昇させる必要性を引き下げる。その結果，農業労働投入の減少，すなわち農業就業者数の減少が抑制されるため，図 B.2 の②′のように農業労働投入の減少率が低下する。

　②′の農業労働投入の減少率の低下は，農業労働の限界生産力の上昇，つまり農業労働時間当たり所得の伸びを抑える効果を併わせもつ。そのため，図 B.1 の③の傾きと比べ，図 B.2 の線 $a'c$ の傾きは緩やかになっている。

　ここで一連の動きをまとめてみよう。米価引き上げは農業労働時間当たり所得を a から a' にジャンプさせる。このジャンプにより農工間格差は縮小し，農業労働投入の減少が抑制されることで農業労働時間当たり所得の伸びが抑えられ，農業労働時間当たり所得線は，線 $a'c$ の動きが示すように，図 B.1 に比べ緩慢な伸びを示すことになる。

　米価引き上げがない場合の農業労働時間当たり所得線は a から c へと動き，米価引き上げがある場合は a' から c へと動く。米価引き上げによって，農業労働時間当たり所得は米価引き上げがなかった場合より高い水準から推移することになるが，時間が経過すると，農業労働時間当たり所得は t_1 において米価の引き上げがなかった場合と同じ水準 c に至る。そのため，農工間

格差は t_0 における ab と同じ水準である cd となる[3]。

B.2 農工間格差と農業労働時間当たり所得の推移

図 B.3 は，農業労働時間当たりの所得の推移がどのように観察されるかを一連の動きとして表現している。米価引き上げは短期的には農業労働時間当たり所得を引き上げることができるとしても，農業労働時間当たりの所得の伸びが抑制されることで，時間が経過すると農工間の所得格差は，米価引き上げがない場合の趨勢に戻ってしまう。したがって，製造業時間当たり現金給与が増え続けている限り，農工間所得を拡大させないためには米価を上げ続けなければならない。このことは，一回限りで価格を上げるのではなく，米価を継続的に上げなければならないということを意味する。

この一連の動きに，産業組織として農業を見る必要性が内在している。ただし，産業としての農業を構成しているのは，農業主体および農業主体に就業する農業就業者であって「農家」ではない。図 B.2 で示された農工間格差

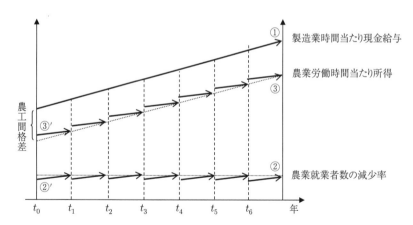

図 B.3 製造業時間当たり現金給与と農業労働時間当たり所得の推移

---

[3] ここでは米価の引き上げがなかった場合と同じ高さに戻る時間として t_1 がとられている。さらに，簡単化のために，農工間所得格差が初期値になるまでは，米価の引き上げは行われないということが仮定されているものとする。

は，製造業時間当たり現金給与と農業労働時間当たり所得の差（つまり格差）であり，この格差が広がり続けることなく一定の幅にとどまったのは，格差の広がるのを防ぐため，農業主体が農業労働力の投入を引き下げることで農業労働の限界生産力を保つという行動をとったことによる。

農業労働投入の低下は，図 A.12 の統計データが示すように農業就業者数の減少として表れたのであり，農家数の減少は農業就業者数が減少したことの反映に過ぎない。農業労働投入が減少しても農業を続けている農家は，兼業労働時間を増やすなど農外所得を増加させることで農家所得を補うことになった。この結果，農業の産業規模が急速に低下する中にあって，農家は勤労者世帯所得と同程度の所得を維持してきた。

産業としての日本の農業は，1960 年から数十年の動きに限ってみても，大きな動きを見せた。そこで，この農業の動きをもたらした最も重要かつ基幹的側面である製造業時間当たり現金給与と農業労働時間当たり所得格差（農工間格差）と農業就業者数の減少を時間の推移の中で分析し，経済学的解釈を示した。製造業における新製品の登場と技術進歩による生産性の向上を要因とする農工間所得格差の拡大を抑える力が，農業の中に存在した。産業としての農業の動きは，製造業に代表される非農業に農業からの労働力が退出し続けるという均衡に向けた労働市場の圧力のもとで観察されたものであった。

高度成長期にコメの価格支持政策や輸入農産物に対する関税により農産物価格が政策的に引き上げられていた。しかし，この莫大な財政負担を伴った農産物価格の引き上げ政策は，農業にとっては単に必要な調整を遅らせただけに過ぎず，最終的には工業部門における継続的な生産性の伸びの前に屈することとなった[4]。まず最初にこのことをしっかりと認識することが重要である。時間の経過とともに経済に生じた産業全体の動きを「静学的経済理論」でとらえることには限界がある。本来，動学的な分析手法を用いるべきところであるが，直感的理解を促すため次善の方法として，「静学的経済理論」の基本的手法である「比較静学」がもたらす分析結果をここで示したように，

---

[4] 価格支持政策のもつこの効果については，ジョンソン[1975] p.195 を参照。

時間の流れの中にはめ込んで考えるという可能性は残されている。すなわち，一期に生じる比較静学的な変化が図 B.3 のように連続していく。この比較静学的な変化は派生需要の理論に基づき補論 C で扱う。

C

産業レベルの経済分析：派生需要の理論

　補論 B では図 B.3 を用いて，農業における最も重要かつ基幹的側面である製造業時間当たり現金給与と農業労働時間当たり所得の格差（農工間格差）を，農業就業者数の減少的推移とを理論的に関係付けた。「派生需要の理論」の観点からこの動きを考えると，工業製品と農産物の価格がこの動きの背後で重要な役割を果たしていたことが見えてくる[1]。日本において農産物価格政策が何もとられなかったとすれば，趨勢的に工業製品の価格の上昇が農産物の価格の上昇（または下降）を上回っていたであろう。そのため高度成長期には，農産物価格が工業製品価格に比べて低迷することを是正する目的で，コメの価格支持政策や輸入農産物に対する関税により農産物価格が政策的に引き上げられた。しかし，この莫大な財政負担を伴った農産物価格の引き上げが農業にとって必要な調整を遅らせただけに終わったことは，補論 B で述べた通りである。

　ここでは理論的な分析をより深めることとし，食糧管理制度に基づく米価の引き上げが，重要な他の変数にいかなる影響を及ぼすか，これをマーシャル的な弾力性概念を用いて明らかにしよう。

---

[1] 2つの動きが同時に存在した。しかし一般的に，熱湯と冷水を混ぜると生ぬるい水となるが，その生ぬるい水を熱湯と冷水に分けることができないのと同様に，それぞれの動きを統計的に取り出して直接観ることはできない。

C.1 派生需要の理論

「私たちはコメを食べているのだろうか」，それとも「私たちはコメを作るのに投入された農地のサービスと農業労働を『食べている』のだろうか？」言うまでもなく，コメへの需要が，農地のサービスや農業労働の需要を生み出している。つまりここには，農地のサービスや農業労働の需要は，コメへの需要から派生的に生み出されているというリンクが存在する。このことを念頭において，派生需要の分析がどのように農業に応用できるのかについて考えてみよう。

コメを例にとって具体性をもたせて考えてみる。食糧管理制度による米価引き上げにより，コメの価格は上がることになる。そして，このコメの価格の変化こそが，個々の農業主体のコメ生産に影響するとともに，その影響が産業としてのコメの生産要素需要に波及することになる。

政策の策定にあたり，政府（農林水産省）としては米価引き上げがコメ生産にもたらす効果について何らかの情報を必要とし，また農協や商社なども米価引き上げが実際に行われた場合にコメ生産が被る影響について可能な限り正確に知っておきたいと考えるであろう。これらの政策は，米価を変化させることで，産業としての農業に影響を与える。そのため産業を部分均衡の枠組みを用いてとらえる派生需要の理論は，政策のもたらす効果を予測するための有益な情報を提供してくれる強力な分析道具となる。

図 C.1 は派生需要の理論の視点で，コメの集計生産関数が生産要素市場およびコメ市場とどのように結び付いているのかを示している。右端のコメ市場を見てみよう。ここには私たちが市場からコメを買ってきて食べている様子が描かれている。図の中央に位置するコメの集計生産関数は，コメ生産に必要な生産要素つまり農地と農業労働が組み合わされるプロセスを表している。以下の式展開では，派生需要の理論との対応が明らかになるように，コメを財 X，農地を資本 K_X，農業労働を労働 L_X として分析をする[2]。

派生需要の理論では，財・サービス価格（図 C.1 ではコメ価格 P_X）は市場

---

[2] Johnson[1973] ch.10，ヒックス［1965]の付録，レイヤード・ウォルターズ[1982]第9章を参照のこと。

C.1 派生需要の理論

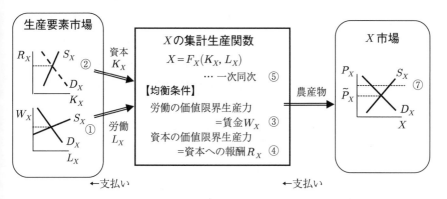

図 C.1 コメを生産する農業 X

における需要と供給により決定されることから，派生需要の枠組みは，図 C.1 に対応する以下の式 (C.1-1) から式 (C.1-6) まで，すなわち労働の供給曲線①，資本の供給曲線②，労働市場の均衡条件 (労働の価値限界生産力＝賃金) ③，資本市場の均衡条件 (資本の限界生産力＝資本一単位への報酬額) ④，財 X (コメ) の集計生産関数 (一次同次) ⑤，財 X (コメ) の需要曲線⑥で構成されている。ここで，e_{LL} は労働供給の弾力性，e_{KK} は資本供給の弾力性，e_{ii} は財 X の需要弾力性である。

労働の供給 (図 C.1 の①)　　　　　$L_X^S = W_X^{e_{LL}}$ 　　　(C.1-1)

資本の供給 (図 C.1 の②)　　　　　$K_X^S = R_X^{e_{KK}}$ 　　　(C.1-2)

労働市場の均衡条件 (図 C.1 の③)　$W_X = P_X \dfrac{\partial F_X}{\partial L}$ 　(C.1-3)

資本市場の均衡条件 (図 C.1 の④)　$R_X = P_X \dfrac{\partial F_X}{\partial K}$ 　(C.1-4)

財 X の集計生産関数 (図 C.1 の⑤)　$X = F_X(K_X, L_X)$ 　(C.1-5)

財 X の需要曲線 (図 C.1 の⑥)　　　$X = P_X^{e_{ii}}$ 　　　　(C.1-6)

政策による財 X の支持価格 (図 C.1 の⑦)　$P_X = \hat{P}_X$ 　(C.1-7)

農業部門の所得の決定に大きな比重をもつ主要農産物においては，その価格が価格支持政策や関税などの貿易政策により決定されている。以下の展開では，財 X にあたるコメの価格がコメの需要で決まるとする式 (C.1-6) で

はなく，コメの価格＝支持価格 $\hat{P}_X$ とする式（C.1-7）が政策で決まることを示す式として使われる。よって，支持価格が（供給曲線に沿って）生産量を変化させる場合の派生需要の変化を計算することによりコメの価格 $\hat{P}_X$ が変化した場合の生産要素投入量およびその報酬の変化の弾力性を以下の形で導出している[3]。

労働投入 L_X に対するコメの支持価格 $\hat{P}_X$ の弾力性

$$\mathrm{E}_{LX} \equiv \frac{\hat{P}_X}{L_X} \frac{dL_X}{d\hat{P}_X} = \frac{(\sigma_{KL} + e_{KK})e_{LL}}{\sigma_{KL} + v_L e_{KK} + v_K e_{LL}} > 0 \qquad (\text{C.2-1})$$

資本投入 K_X に対するコメの支持価格 $\hat{P}_X$ の弾力性

$$\mathrm{E}_{KX} \equiv \frac{\hat{P}_X}{K_X} \frac{dK_X}{d\hat{P}_X} = \frac{(\sigma_{KL} + e_{LL})e_{KK}}{\sigma_{KL} + v_L e_{KK} + v_K e_{LL}} > 0 \qquad (\text{C.2-2})$$

労働報酬 W_X に対するコメの支持価格 $\hat{P}_X$ の弾力性

$$\mathrm{E}_{WX} \equiv \frac{\hat{P}_X}{W_X} \frac{dW_X}{d\hat{P}_X} = \frac{\sigma_{KL} + e_{KK}}{\sigma_{KL} + v_L e_{KK} + v_K e_{LL}} > 0 \qquad (\text{C.2-3})$$

資本への報酬 R_X に対するコメの支持価格 $\hat{P}_X$ の弾力性

$$\mathrm{E}_{RX} \equiv \frac{\hat{P}_X}{R_X} \frac{dR_X}{d\hat{P}_X} = \frac{\sigma_{KL} + e_{LL}}{\sigma_{KL} + v_L e_{KK} + v_K e_{LL}} > 0 \qquad (\text{C.2-4})$$

ここで，σ_{KL} は生産における資本と労働の代替のたやすさを表す直接的代替の弾力性，v_L および v_K はそれぞれ生産総額に占める労働および資本への報酬のシェア（つまり $v_L = \dfrac{W_X L_X}{\hat{P}_X X}$，$v_K = \dfrac{R_X K_X}{\hat{P}_X X}$）を示す[4]。なお，計算結果の式においては，$e_{LL}, e_{KK}, \sigma_{KL}, v_L, v_K$ は，すべてコメの生産要素にかかわるものである。

---

[3] Floyd［1965］を参照のこと。産業の集計生産関数が一次同次であることから，価格の初期値にかかわらず価格が1％変化したときの生産要素投入量およびその報酬の変化がこの式により計算される。

[4] 直接的代替の弾力性は，産出量を一定として，$\sigma_{KL} = \dfrac{F_L/F_K}{K/L} \dfrac{\partial(K/L)}{\partial(F_L/F_K)}$ と定義され，2生産要素の場合については $\sigma_{KL} = \dfrac{F_K F_L}{X F_{KL}}$ となる。レイヤード・ウォルターズ［1982］第9章，p.354 を参照のこと。

C.2 派生需要の理論のもつ農業へのインプリケーション　　　137

　式 (C.2-1) から式 (C.2-4) が正の符号をもつことから明らかなように，コメの支持価格が上昇（下降）すると，労働の投入量，資本の投入量，労働への報酬，資本への報酬のすべてが増加（減少）する。ただし，その弾力性は $e_{LL}, e_{KK}, \sigma_{KL}, v_L, v_K$ に依存する。主要な経済的インプリケーションは以下のようにまとめられる。

(1)　生産要素の供給の弾力性 (e_{LL} または e_{KK}) が大きくなると，その要素価格の上昇がもたらすその生産要素 (K_X および L_X) の投入量の増加幅は，弾力性 (E_{KX} および E_{LX}) とともに大きくなる。

(2)　生産要素の供給の弾力性 (e_{LL} または e_{KK}) が大きくなると，その要素価格の上昇がもたらすその生産要素 (W_X および R_X) の報酬の増加幅は，弾力性 (E_{WX} および E_{RX}) とともに小さくなり，他方の生産要素への報酬の増加幅は大きくなる。

(3)　生産要素の直接的代替の弾力性 (σ_{KL}) が大きくなると，供給がより弾力的（非弾力的）な生産要素の投入量およびそれへの報酬の増加幅は大きく（小さく）なり，他方の生産要素の投入量およびそれへの報酬の増加幅は小さく（大きく）なる。

(4)　価格に占める生産要素の報酬シェア (v_L または v_K) が大きくなると，その供給がより弾力的（非弾力的）な場合，双方の生産要素の投入量およびそれへの報酬の増加幅は大きく（小さく）なる。

C.2　派生需要の理論のもつ農業へのインプリケーション

　ここでは，産業としての農業を分析している。そのため，派生需要の分析に代入できる係数が 2 つある。一つは生産要素の代替の弾力性 σ_{KL} である。農業に限らず，産業の集計生産関数を扱う場合，一般にコブ・ダグラス型と仮定されていることから，生産要素の代替の弾力性 σ_{KL} は 1 とすることができる。$\sigma_{KL}=1$ とすることがどうしても気になる場合は，それが近似値と考え，計算結果を見てもらえるとよいだろう。もう一つは，資本供給の弾力性 e_{KK} である。産業として考えるとコメ生産に使われる主たる資本にあたる農地の面積は固定的である。そのため，資本供給の弾力性 e_{KK} は 0 とみなすことが

できる[5]。

コメの支持価格 $\hat{P}_X$ の労働投入 L_X に対する弾力性

$$\mathrm{E}_{LX} \equiv \frac{\hat{P}_X}{L_X}\frac{dL_X}{d\hat{P}_X} = \frac{e_{LL}}{1+v_K e_{LL}} > 0 \qquad (\mathrm{C}.2\text{-}1')$$

コメの支持価格 $\hat{P}_X$ の資本投入 K_X に対する弾力性

$$\mathrm{E}_{KX} \equiv \frac{\hat{P}_X}{K_X}\frac{dK_X}{d\hat{P}_X} = 0 \qquad (\mathrm{C}.2\text{-}2')$$

コメの支持価格 $\hat{P}_X$ の労働報酬 W_X に対する弾力性

$$\mathrm{E}_{WX} \equiv \frac{\hat{P}_X}{W_X}\frac{dW_X}{d\hat{P}_X} = \frac{1}{1+v_K e_{LL}} > 0 \qquad (\mathrm{C}.2\text{-}3')$$

コメの支持価格 $\hat{P}_X$ の資本への報酬 R_X に対する弾力性

$$\mathrm{E}_{RX} \equiv \frac{\hat{P}_X}{R_X}\frac{dR_X}{d\hat{P}_X} = \frac{1+e_{LL}}{1+v_K e_{LL}} > 0 \qquad (\mathrm{C}.2\text{-}4')$$

また，$\mathrm{E}_{KX}=0$ であることから，この場合のコメの供給の弾力性は式(C.3)のように表せる。農業労働への派生需要の価格弾力性に，価格に占める労働投入のシェアを掛けたものになっている。言うまでもなく，シェアが1より小さいことから農産物の供給の弾力性は農業労働への派生需要の弾力性に比べると非弾力的となる。

コメの供給の弾力性　　　　　　$\varepsilon_X = v_L \mathrm{E}_{LX}$ 　　　　　　(C.3)

式(C.2-1′)から式(C.2-4′)は，農地の流動性が極端に低い日本において，コメの支持価格の農業労働投入量，農業労働への報酬，帰属地代(農地の受け取る報酬)への影響を明確に示している。$e_{KK}=0$(農地供給の弾力性は0)および $\sigma_{KL}=1$(農地と農業労働間の代替の弾力性は1)としたことで，それぞれの弾力性表現がずいぶん簡単化されることとなる[6]。主要な経済的インプリケーションは以下にまとめてあるが，是非，計算結果と表から，農業の産業組織としての一般的特性を直接に読みとって欲しい。このことを通して，

---

[5] 農地面積の変動は価格の変動に比べて極めて遅い。そこで，農地供給の弾力性が0の場合と考え，そこから得られる経済的インプリケーションを念頭におきながら，現実の問題を分析してみる。

[6] $e_{KK}=0$ および $\sigma_{KL}=1$ は極端な仮定に見えるかもしれないが，観察的事実や推計結果の解釈に基づくと非常に現実的な近似である。

C.2 派生需要の理論のもつ農業へのインプリケーション　　　　　　　　　139

農業をめぐる状況に関する多くのことが見えてくる。

(1)　コメの支持価格 $\hat{P}_X$ の上昇（下降）は，その農業労働投入量 L_X，農業労働への報酬 W_X，帰属地代 R_X のすべてを増加（減少）させる。

(2)　農業労働の供給の弾力性 e_{LL} が大きく（小さく）なれば，コメの支持価格 $\hat{P}_X$ が1%変化した場合の，農業労働投入量 L_X および帰属地代 R_X の%変化（E_{LX} および E_{RX}）が大きく（小さく）なり，農業労働への報酬の%変化（E_{WX}）は小さく（大きく）なる。

(3)　コメの支持価格 $\hat{P}_X$ に占める農業労働報酬のシェア v_L が大きく（小さく）なると，コメの支持価格 $\hat{P}_X$ が1%変化した場合の，その農業労働投入量 L_X，農業労働への報酬 W_X，帰属地代 R_X の%変化（E_{LX}, E_{WX}, E_{RX}）が大きく（小さく）なる。コメの支持価格 $\hat{P}_X$ に占める帰属地代のシェア v_K が大きく（小さく）なると，コメの支持価格 $\hat{P}_X$ が1%変化した場合の，その農業労働投入量 L_X，農業労働への報酬 W_X，帰属地代 R_X の%変化（E_{LX}, E_{WX}, E_{RX}）が小さく（大きく）なる。

(4)　コメの支持価格 $\hat{P}_X$ の農業労働投入量 L_X に対する弾力性 E_{LX} とその農業労働への報酬 W_X に対する弾力性 E_{WX} の和は，コメの支持価格 $\hat{P}_X$ の帰属地代 R_X に対する弾力性 E_{RX} に等しい。

(4)は，$\sigma_{KL}=1$ であること，つまり農地と農業労働間の代替の弾力性が1であることの必然的結果である[7]。生産要素が受け取る報酬は，投入量と一単位当たりの報酬の積で与えられる。(4)で，コメ価格が上昇した場合にそれぞれに対する効果が弾力性（コメ価格が1%上昇した場合の生産要素投入量やそれへの報酬の%変化）で与えられているため，この2つの積は，弾力性値の和となる。

---

[7] これは $\sigma_{KL}=1$ と仮定したことの計算結果ではなく，実際に $\sigma_{KL}=1$ であることがもたらす必然的結果として農業のおかれた状況を理解することが重要である。

さらに，農業労働が完全に弾力的に供給される場合（$e_{LL}^S = \infty$），以下のようになる[8]。

コメの支持価格 $\hat{P}_X$ の労働投入 L_X に対する弾力性

$$\mathrm{E}_{LX} \equiv \frac{\hat{P}_X}{L_X}\frac{dL_X}{d\hat{P}_X} = \frac{1}{v_K} > 0 \tag{C.2-1''}$$

コメの支持価格 $\hat{P}_X$ の資本投入 K_X に対する弾力性

$$\mathrm{E}_{KX} \equiv \frac{\hat{P}_X}{K_X}\frac{dK_X}{d\hat{P}_X} = 0 \tag{C.2-2''}$$

コメの支持価格 $\hat{P}_X$ の労働報酬 W_X に対する弾力性

$$\mathrm{E}_{WX} \equiv \frac{\hat{P}_X}{W_X}\frac{dW_X}{d\hat{P}_X} = 0 \tag{C.2-3''}$$

コメの支持価格 $\hat{P}_X$ の資本への報酬 R_X に対する弾力性

$$\mathrm{E}_{RX} \equiv \frac{\hat{P}_X}{R_X}\frac{dR_X}{d\hat{P}_X} = \frac{1}{v_K} > 0 \tag{C.2-4''}$$

さらに，式 (C.3) は

コメの供給の弾力性 $\qquad \varepsilon_X = \dfrac{v_L}{v_K} \tag{C.3'}$

となる。したがって，農業労働投入量 L_X および帰属地代 R_X の価格弾力性（E_{LX} および E_{RX}）は等しく，コメの支持価格 $\hat{P}_X$ に占める帰属地代のシェア v_K の逆数になる[9]。また，コメの支持価格 $\hat{P}_X$ が上昇しても農業労働の受け取る報酬 W_X は変化しない。このため，コメの支持価格 $\hat{P}_X$ の上昇がもたらした農業労働投入量 L_X の変化率と帰属地代 R_X の上昇率が等しくなり，結果的に価格に占めるそれぞれのシェア（v_L および v_K）には変化が生じない。

---

[8] 例えば，式 (C.2-1'') では $\displaystyle\lim_{e_{LL}\to\infty}\frac{e_{LL}}{1+v_K e_{LL}} = \frac{1}{v_K}$ と導出される。

[9] 経済に単一の市場賃金がある（農家行動の経済モデルはそう仮定している）なら，農業主体にとっては兼業で得られる市場賃金は与件であるため，その労働供給の弾力性は無限大となる。産業としての農業も兼業機会の市場賃金を決める立ち位置にないことから，農業にとっても市場賃金は大方は与件であり，その弾力性の近似値は無限大と考えられる。

C.2 派生需要の理論のもつ農業へのインプリケーション 141

さらに，GDPにおける資本および労働への分配率が0.3対0.7程度であり，農業の分配率もほぼこれに近い値をとるものと考えると$v_K = 0.3$および$v_L = 0.7$となる。このとき，コメの支持価格$\hat{P}_X$が1%上昇（下降）した場合，農産物の供給は2.3%増加（減少）する。また，農業労働の投入量は3.3%，帰属地代は3.3%それぞれ増加（減少）することになる。つまり，コメの支持価格$\hat{P}_X$の1%の上昇・下降は，農業労働投入量L_Xおよび帰属地代R_Xにはその3.3%の影響を与えることになる。

D

農業と工業の「二部門一般均衡分析」

　ここまでは「部分均衡分析」の枠組みを使い，コメ産業に着目し米価引き上げがある場合もない場合も，農工間格差は伴うものの，農業就業者数の減少によって農業労働時間当たり所得は増加してきたことを見てきた。しかし，部分均衡分析の枠組みにとどまる限り，コメ生産に生じる動きについては明確化されるものの，一国経済全体を視野において農業に何が起きているのかについての理解を得ることは難しい。ここでは，自国経済全体の動きを視野に入れることのできる「二部門一般均衡分析」の枠組みを想定し，自国の産業・就業構造の変化に焦点をあてた分析を進めることとする。そのうえで，はじめに掲げた農業・工業の両部門間の格差問題を吟味してみよう。

D.1　資本が固定的な一般均衡分析

　農業において資本に当たる農地面積の変化が価格の変化に比べ極めて遅いことから，一国における産業としての農業の位置をとらえるため，資本（農地および機械）を固定的とする，農業と工業の二部門一般均衡モデルを考える。
　補論Cでは，コメ産業の生産関数として一次同次の生産関数 $X = F_X(K_X, L_X)$ を考え派生需要の分析を展開し，さらに農地 (K_X) の供給の弾力性を完全に非弾力的と仮定した場合にコメの価格が生産要素の価格および投入量に与える影響の分析が示された。農地供給が完全に非弾力的つまり固定的であれば，生産関数は以下の形をとっていることになる。ここでは，経済全体に占める農業の動きを理解するために，農業 (X) の生産関数が以

142

D.1 資本が固定的な一般均衡分析 143

下のように集計されるとして分析を進めてみよう[1]。ここで，T_X は農業生産に使用される一定量に固定された農地を示している。

農業の生産関数 $\quad X = F_X(L_X; T_X)$

この農業生産関数に対応する形で工業 (Z) の生産関数を以下のように表すことができるとする。ここで，M_Z は工業生産に使用される一定量に固定された機械の量を示している。

工業の生産関数 $\quad Z = F_Z(L_Z; M_Z)$

労働が農業および工業部門を移動できる生産要素であり，さらに経済全体として労働供給が一定 ($\overline{L}$) であることから，以下の形の労働の賦存量制約が存在する。

労働の賦存量制約 $\quad L_X + L_Z = \overline{L}$

ここで，農産物および工業製品の名目価格がそれぞれ P_X, P_Z で与えられるとき，「派生需要の理論」での扱いと同じく，農業および工業の労働の価値限界生産力（名目価格×労働の物的限界生産力）は以下の通りとなる。ただし，W_X および W_Z は賃金を示している。

農業における賃金の均衡条件 $\quad W_X = P_X \dfrac{\partial F_X}{\partial L_X}$

工業における賃金の均衡条件 $\quad W_Z = P_Z \dfrac{\partial F_Z}{\partial L_Z}$

図 D.1 のように，農業の原点 O_X を左下に，工業の原点 O_Z を右下にとり，この 2 つの原点の距離を労働の賦存量 ($\overline{L}$) にとる。労働が農業および工業の間で移動可能なことから均衡では農業と工業における賃金が等しくなり，一国の均衡賃金は W となる。

一国内の賃金の均衡条件 $\quad W = P_X \dfrac{\partial F_X}{\partial L_X} = P_Z \dfrac{\partial F_Z}{\partial L_Z}$

図 D.1 では農業と工業の均衡の様子が，農業と工業それぞれの価値限界生産力線で表されている。農業の就業者数は O_X からの距離で，工業の就業者数は O_Z からの距離であり，$O_X O_Z$ は一国内の労働の賦存量である。それ

---

[1] これ以降，コメおよびその他の各種農産物を集計して「農業」，製造業およびその他の各種農業以外の産業を集計して「工業」と表す。

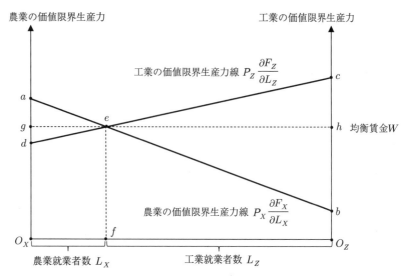

図 D.1　資本が固定的な二部門一般均衡モデル

ぞれの価値限界生産力線は，就業者数の増加とともに減少している。これは資本が固定的であるため，就業者数が少ないときは一人当たりの資本が多くなり，就業者が多いとき一人当たりの資本が少なくなるため，価値限界生産力は就業者数の増加とともに減少することによる。農業および工業における価値限界生産力が等しくなる点 e で，農業と工業それぞれの就業者数が決まり，同時に均衡賃金が決まる。農業就業者数は $O_X f$，工業就業者数は fO_Z，均衡賃金は ef で表されている。

このことは，一国における所得分配も示している。農業の生産額 $P_X X$ は四角形 $aefO_X$，工業の生産額 $P_Z Z$ は四角形 $ecO_Z f$ の面積として表れている。また，農業の生産額 $P_X X$ および工業の生産額 $P_Z Z$ は労働と資本への報酬の合計となっている。農業における労働への報酬は四角形 $gefO_X$，資本への報酬は三角形 aeg の面積であり，工業における労働への報酬は四角形 $ehO_Z f$，資本への報酬は三角形 ech の面積である[2]。一国全体の GDP は $P_X X + P_Z Z$ であり，四角形 $aefO_X$ と四角形 $ecO_Z f$ の面積の合計で示される。

D.2　一般均衡分析による日本農業の調整過程

補論Bでは部分均衡モデルで図B.3のような連続的な推移を見たが，ここでは「固定的生産要素のある農業と工業の二部門一般均衡モデル」を用いて，t_0 から t_1 にかけて経済全体に起きる変化に着目する。さらにここでは，(1) 工業における技術進歩と資本蓄積を通す生産性の増加による労働の価値限界生産力の上昇のみが存在する場合（農業保護がない場合），(2) 工業部門の労働の価値限界生産力の上昇に加えて農産物価格支持政策がとられた場合（農業保護がある場合）において，労働報酬における農工間格差，農業労働時間当たり所得および農業就業者の推移に焦点を当て分析が進められる。

(1)　農業保護がない場合

補論Bでも説明したように，工業部門における生産性の上昇は，その時間当たり現金給与を上昇させた。一方，生産性の改善が進まない農業においては時間当たり報酬が伸び悩み農工間格差が生じた。農業において農工間所得格差が一定レベルに達しないと農業から工業への労働移動が生じないことから，補論Aの図A.14に示したように一戸当たり農家の時間当たり賃金は製造業労働者のそれと比較すると明らかに低いままにとどまった。図D.2はこの格差の存在と整合する形で描かれている。

経済成長によって工業における労働の価値限界生産力が上昇すると，工業における労働の価値限界生産力線は線 dc から線 $d'c'$ にシフトする。すると，t_0 と比べて農工間格差が拡大するため，農業から工業への就業者の移動が生じる。この結果，①が示すように工業の時間当たり現金給与は上昇する。また，②が示すように t_0 から t_1 にかけて農業就業者数は減少し，工業就業者数は増加する。そして，③のように農業就業者数の減少によって，農業の労働時間当たり所得は上昇する。就業者数の減少に伴い，農業部門全体の生産額は減少し，農業全体における農地への報酬も減少する。ただし，農業全体

2　（脚注番号は前頁）ここでの資本（農地 T_X および機械 M_Z）は固定的であるため，資本への報酬は，生産額から労働への報酬を差し引いた残余として分配される。労働への報酬は，労働の価値限界生産力によって決定される。

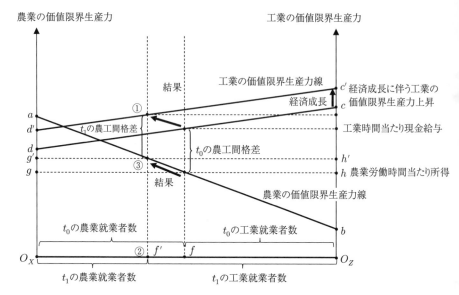

図 D.2　経済成長と就業者数の調整（農業保護なし）

における労働への報酬が増加するか減少するかは，線 ab の傾き，すなわち農業労働の価値限界生産力線の弾力性による。

　補論 B では農業部門のみの分析にとどまった。ここでは，農業と工業からなる二部門一般均衡分析を考えることで，工業部門における動きを同時に見ることができる。工業部門では，生産性の増大とともに就業者数は増加し部門全体の生産額は増加している。これに伴い，工業部門の資本にあたる機械全体への報酬は増加し，工業部門で雇用されている労働への報酬総額が増加している。

　工業部門では生産性が連続的に上昇し続けているため，工業における労働の価値限界生産力が連続的に上昇している。図 D.2 では，例えば 1 年の長さで工業における労働の価値限界生産力が線 dc から線 $d'c'$ へと上昇するが，その間に農業部門では労働力の減少が続き労働の価値限界生産力が高まるというプロセスを通して，その 1 年間（t_0 から t_1 の間）に農工間格差がもとの水準に戻ると仮定している。

(2) 農業保護がある場合

農業保護がある場合に，同じ1年という期間の経済の動きがどうなるかを考える。図D.2と同様に，図D.3においても t_0 から t_1 の1年間の経済成長によって工業における労働の価値限界生産力線は線 dc から線 $d'c'$ にシフトする。農業保護がある場合，政策によって農産物価格 P_X が上昇するために賃金 W_X が上昇する。このため，図D.3では農業における労働の価値限界生産力線は線 ab から線 $a'b'$ にシフトしている。

農産物価格を引き上げる政策によって農業労働の限界生産力がその分高められ，農工間格差が縮小することで，補論Bでも説明したように農業労働投入の減少率が低下する。そのため，t_0 から t_1 の1年間に農業から工業へ移動する就業者数を示す図D.3の ff'' は，図D.2の ff' に比べて小さくなっている。すなわち，t_0 から t_1 までに起きた就業者数の調整は，**農業保護という政策によって少なくなる**。

農業から工業へ移動する就業者数が図D.2の ff' と同水準であれば，t_0 における政策直後の農工間格差 ij と同じく，t_1 における農工間格差は $i'j'$ となる。

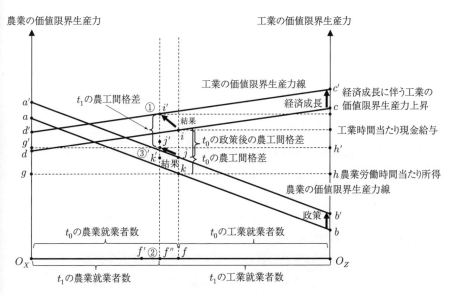

図 D.3　経済成長と就業者数の調整（農業保護あり）

しかし，農工間格差が農業保護がない場合に比べて小さいため，就業者数の調整が少ない結果として，t_1 における農工間格差は図 D.3 のように $i'j'$ より大きくなる。しかし，t_0 の政策前の農工間格差 ik と同水準である $i'k'$ よりは小さい。

この結果，①が示すように工業の時間当たり現金給与は上昇する。また，②が示すように図 D.2 に比べて少ないものの，t_0 から t_1 にかけて農業就業者数は減少し，工業就業者数は増加する。そして，③′ のように農業就業者数の減少によって農業の労働時間当たり所得は上昇するが，格差の縮小により農業就業者の減少数が少ないことで，t_1 の農工間格差は t_0 政策による農産物価格の引き上げ直後の水準 ij より大きくなる。このため，改めて農工間格差を縮小させるためには，継続的にかつより大きな農産物価格引き上げが必要となる。したがって，補論 B でも述べたように，農業にとって農産物価格の引き上げ政策は，短期的にではあるが農工間の所得格差を縮小する。この農工間の所得格差の縮小は，工業における生産性上昇（すなわち工業時間当たり現金給与の増加）がもたらす農業就業者数の減少を遅らせることとなる。つまり，農産物の価格引き上げ政策は，経済全体としてみると，経済成長の過程で必要となる労働市場の調整（農業労働力の減少）を単に遅らせただけに過ぎない。

D.3 TPP と日本農業

TPP（環太平洋パートナーシップ）は関税撤廃の協定であり，2018 年 3 月にアメリカを除く 11 か国（オーストラリア，ブルネイ，カナダ，チリ，日本，マレーシア，メキシコ，ニュージーランド，ペルー，シンガポール，ベトナム）が署名した。そして，うち 7 か国（メキシコ，日本，シンガポール，ニュージーランド，カナダ，オーストラリア，ベトナム）は国内手続を完了し，2018 年 12 月に発効した。

この結果，日本では全品目数の 95％，うち農産物の 82％において関税が撤廃された。ただし，重要 5 品目（コメ，麦，牛肉・豚肉，乳製品，砂糖の原料）においては，品目細分類 594 品目のうち，170 品目の関税が撤廃された。

D.3 TPP と日本農業

重要5品目の中でもコメについては従価税換算で778%の高い関税が維持され,国内生産量の1%程度の輸入枠が設けられるにとどまった。しかし,その一方で牛肉は現行38.5%の関税率を,16年目に9%にまで削減することになった。今後 TPP は日本農業に小さくない影響を与えると考えられる。

TPP が日本農業に与える影響は,関税撤廃によって農産物価格を引き下げることであるため,農業保護とは逆の効果をもつこととなる。

図 D.2 および図 D.3 と同様に,図 D.4 においても工業における労働の価値限界生産力は上昇している。しかし,その上昇の原因は経済成長だけでなく,TPP 加入による関税撤廃が工業製品の輸出を拡大させ,工業における生産性を向上させる効果が加わる。したがって,図 D.4 では図 D.2 および図 D.3 より大きい上昇率で,工業における労働の価値限界生産力線が線 dc から線 $d''c''$ にシフトしている。

一方,農業に対して TPP 加入は農産物への関税撤廃によって,農産物価格 P_X を引き下げられる効果をもつため賃金 W_X は下がり,農業における労

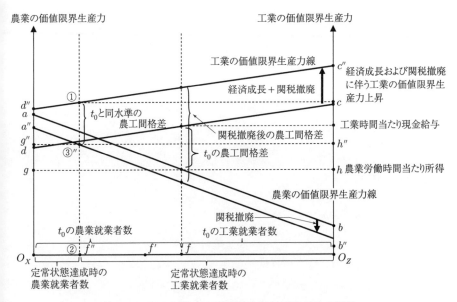

図 D.4 TPP 加入および経済成長と就業者数の調整

働の価値限界生産力線は線 ab から線 $a''b''$ にシフトしている。

このように TPP 加入は農工間格差を大きく拡大させる効果をもつ。そして，図 D.4 の ff'' は，農工間格差ともとの水準（t_0 の農工間格差）に戻すために必要な調整を示している。農工間格差が大きいため，農業労働投入の減少率が増加するが，ff'' の調整が達成されるまでにどれだけの時間を要するかはわからない。ただし，TPP 加入がなかったとしても，工業における労働の価値限界生産力は経済成長によって上昇し続けるため，そのことによる就業者数の調整は継続される。よって，ff'' の調整は TPP 加入がなかったとしても，いずれなされることになるであろう。

ff'' の調整が達成されたとき，①が示すように工業の時間当たり現金給与は上昇する。また，②が示すように農業就業者数は大幅に減少し，工業就業者数は大幅に増加する。そして，③″のように t_0 と同水準の農工間格差に戻るために，就業者数の大きな調整が行われ，農業の労働時間当たり所得が上昇することとなる。したがって，TPP 加入は，農業にとっては必要な調整を促すことになる。

参 考 文 献

　まず，産業組織論についての日本語および英語で書かれたテキストをいくつか紹介しておく。

1. 小田切宏之［2001］『新しい産業組織論』有斐閣.
2. 丸山雅祥・成生達彦［1997］『現代のミクロ経済学』創文社.
3. 神戸伸輔［2004］『入門 ゲーム理論と情報の経済学』日本評論社.
4. 花薗誠［2018］『産業組織とビジネスの経済学』有斐閣.
5. Scherer, F. M. and D. Ross［1990］*Industrial Market Structure and Economic Performance*, Houghton Mifflin.
6. Shy, O.［1995］*Industrial Organization*, MIT Press.
7. Tirole, J.［1988］*The Theory of Industrial Organization*, MIT Press.

　1は，上級レベル向けの産業組織論のテキストである。そこでは，理論のみならず実証分析の成果についても詳しく考察されている。2～4は，主にゲーム理論，情報の経済学を中心に様々な企業行動について分析を行っている。5～7は，英語で書かれた定評のあるテキストである。

第1章
Bain, J. S.［1959］*Industrial Organization*, Wiley.
小田切宏之 ［2008］『競争政策論』 日本評論社.

第2章
Henderson, J. M. and R. E. Quandt［1980］*Microeconomic Theory*, 3rd., McGraw-Hill.（小宮隆太郎・兼光秀郎訳［1973］『現代のミクロ経済学』創文社）
神取道宏［2014］『ミクロ経済学の力』日本評論社.

第3章
Baumol, W. J., J. C. Panzar, and R. D. Willig［1982］*Contestable Markets and the Theory of Industry Structure*, Harcourt Brace Jovanovich.
Schumpeter, J. A.［1934］*The Theory of Economic Development*, Oxford

University Press.　(塩野谷祐一・中山伊知郎・東畑精一訳［1977］『経済発展の理論』岩波書店)

Stigler, G. J.［1968］ *The Organization of Industry*, Irwin.　(神谷傳造・余語将尊訳［1975］『産業組織論』東洋経済新報社)

第4章

Bertrand, J.［1883］ "Théorie Mathématique de la Richesse Sociale", *Journal des Savants*, vol. 67, pp. 499-508.

Chamberlin, E. H.［1933］ *The Theory of Monopolistic Competition*, Harvard University Press.

Cournot, A.［1838］ *Recherches sur les Principes Mathématiques de la Théorie des Richesses*, translated by N. Bacon, Macmillan, 1897.

Edgeworth, F.［1897］ "The Pure Theory of Monopoly", reprinted in *Papers Relating to Political Economy*, 1925, vol. 1, Macmillan.

第5章

d'Aspremont, C., J. J. Gabszewicz, and J. F. Thisse［1979］ "On Hotelling's Stability in Competition", *Econometrica*, vol. 47, pp. 1145-1150.

Hotelling, H. H.［1929］ "Stability in Competition", *Economic Journal*, vol. 39, pp. 41-57.

Salop, S. C.［1979］ "Monopolistic Competition with Outside Goods", *Bell Journal of Economics*, vol. 10, pp. 141-156.

丸山雅祥・成生達彦［1997］『現代のミクロ経済学』創文社.

第6章

Cooper, R. W. and A. John［1988］ "Coordinating Coordination Failures in Keynesian Models", *Quarterly Journal of Economics*, vol. 103, pp. 441-463.

Cooper, R. W.［1999］ *Coordination Games*, Cambridge University Press.

Harsanyi, J and R. Selten［1988］ *A General Theory of Equilibrium Selection in Games*, Cambridge University Press.

Carlsson, H. and E. van Damme［1993］ "Global Games and Economic Selection", *Econometrica*, vol. 61, pp. 989-1018.

Stiglitz, J. E［1987］ "Competition and the Number of Firms in a Market: Are Duopolies More Competitive than Atomistic Markets ?", *Journal of Political Economy*, vol. 95, pp. 1041-1061.

青木昌彦・奥野正寛編著［1996］『経済システムの比較制度分析』東京大学出版会.

川又邦雄［2012］『ゲーム理論の基礎』培風館.

参 考 文 献 153

第 7 章

Bulow, J., J. Geanakoplos, and P. Klemperer [1985] "Multimarket Oligopoly: Strategic Substitutes and Complements", *Journal of Political Economy*, vol. 93, pp. 488-511.

Fudenberg, D. and J. Tirole [1984] "The Fat Cat Effect, the Puppy Dog Ploy and the Lean and Hungry Look", *American Economic Review*, Papers and Proceedings, vol. 74, pp. 361-368.

Kreps, D. M. and J. A. Scheinkman [1983] "Quantity Pre-commitment and Bertrand Competition Yield Cournot Outcomes", *Bell Journal of Economics*, vol. 14, pp. 326-337.

Tirole, J. [1988] *The Theory of Industrial Organization*, MIT Press.

丸山雅祥・成生達彦 [1997] 『現代のミクロ経済学』創文社.

第 8 章

Selten, R. [1978] "Chain Store Paradox", *Theory and Decision*, vol. 9, pp. 127-159.

第 9 章

Arrow, K. J. [1962] "Economic Welfare and the Allocation of Resources for Invention", in National Bureau of Economic Research, *The Rate and Direction of Inventive Activity*, Princeton University Press, pp. 609-625.

Cohen, W. M. and R. C. Levin [1989] "Empirical Studies of Innovation and Market Structure", in R. Schmalensee and R. D. Willig eds., *Handbook of Industrial Organization*, vol. II. North Holland, pp. 1059-1107.

Schumpeter, J. A. [1934] *The Theory of Economic Development*, Oxford University Press. (塩野谷祐一・中山伊知郎・東畑精一訳 [1977] 『経済発展の理論』岩波書店)

小田切宏之 [2001] 『新しい産業組織論』有斐閣.

第 10 章

Dixit, A. K. and B. J. Nalebuff [1991] *Thinking Strategically: The Competitive Edge in Business, Politics and Everyday Life*, W. W. Norton & Company. (菅野隆・嶋津祐一訳 [1994] 『戦略的思考とは何か』TBS ブリタニカ)

Krugman, P. R. [1996] *The Self Organizing Economy*, Blackwell. (北村行伸・妹尾美起訳 [1997] 『自己組織化の経済学』東洋経済新報社)

Schelling, T. C. [1978] *Micromotives and Macrobehavior*, W. W. Norton & Company. (村井章子訳 [2016] 『ミクロ動機とマクロ行動』勁草書房)

Shapiro, C. and H. Varian [1998] *Information Rules: A Strategic Guide to the*

Network Economy, Harvard Business Review Press. （大野一訳［2018］『情報経済の鉄則：ネットワーク型経済を生き抜くための戦略ガイド』日経 BP 社）

補論

Allen, R.G.D.［1938］*Mathematical Analysis for Economists*, Macmillan. （高木秀玄訳［1954］『経済研究者のための数学解析』（下巻）有斐閣）

Floyd, J.E.［1965］"The Effects of Farm Price Supports on the Returns to Land and Labor in Agriculture", *Journal of Political Economy*, vol. 73, pp. 148-158.

Hicks, J.R.［1963］*The Theory of Wages*, Palgrave Macmillan. （内田忠寿訳［1965］『新版 賃金の理論』東洋経済新報社）

Johnson, D.G.［1973］*World Agriculture in Disarray*, Palgrave Macmillan. （沼田鞆雄訳［1975］『混迷の世界農業』大明堂）

Johnson, H.G.［1973］*The Theory of Income Distribution*, London: Gray-Mills.

Layard, P.R.G. and A.A. Walters［1978］*Microeconomic Theory*, McGraw-Hill College. （荒憲治郎監訳［1982］『ミクロ経済学—応用と演習』創文社）

Mussa, M.［1974］"Tariffs and the Distribution of Income: The Importance of Factor Specificity, Substitutability, and Intensity in the Short and Long Run", *Journal of Political Economy*, vol. 82, pp. 1191-1203.

荒山裕行［1989］「農業保護と農業労働報酬」, 真継隆・T. ダムス『保護主義か自由貿易か—日本と西ドイツの比較研究—』第 6 章, 名古屋大学出版会.

黒田昌裕・新保一成・野村浩二・小林信行［1997］『KEO データベース—産出および資本・労働投入の測定—』（KEO Monograph Series No. 8）第 3 章, 慶應義塾大学産業研究所.

統計データを見るには,「e-stat 政府統計の総合窓口」(https://www.e-stat. go.jp/)の利用が便利である。「産業組織としての農業」では, 農林水産省の「農林水産統計データ」(http://www.maff.go.jp/j/tokei/index.html)を活用している。

索　引

欧　文

SCP 分析　4
TPP　148-150

あ　行

暗黙の協調　39
暗黙の共謀　39
一般均衡分析　142, 145, 146
イノベーション　92
円環市場　50

か　行

価格支持政策　131, 133, 145
可変費用　14
関税　131, 148
関税率　149
完全競争　20, 96
環太平洋パートナーシップ　148
企業規模　98
技術開発競争　94
技術革新　28, 93
技術の専有　94
帰属地代　138-141
ギッフェン財　12
規模の経済性　27
逆需要関数　23
競争　2
共存　83
協調ゲーム　54, 60, 61, 101
協調の失敗　60

共同利潤の最大化　65

協力ゲーム　30
極限定理　32
均衡選択　62
繰り返しゲーム　41
クリティカル・マス　104
クールノー競争　76
クールノー均衡　32
クールノー・ナッシュ均衡　81
クールノー・モデル　30
経営耕地面積　121, 128
限界収入　24
限界生産力　13
限界生産力逓減の法則　13
限界費用　17, 24
研究開発　28, 69, 77, 93, 98
研究開発活動　89, 93
公益事業　27
交易条件　116
広告　75, 89
広告活動　69
交差弾力性　3
工場設備への投資　69
工程改良　93
効用関数　8
固定費用　14
コブ・ダグラス型　137
コンテスタブル・マーケット　26

さ　行

最小差別化定理　47, 53
差別化　4

産業 3
サンク・コスト 27
参入 83
参入障壁 5, 27
参入阻止 73
シグナリング 90
シグナル 91
自己選択行動 46
死重的損失 26
市場構造 4
市場行動 5
市場集中度 98
市場成果 5
私的財 93
社会的余剰 17, 22
集計生産関数 134, 135
囚人のジレンマ 65
需要関数 11
需要曲線 11
シュンペーター仮説 95
消費者余剰 6, 17, 22
情報不完全性 89
食糧管理制度 116, 133, 134
食糧管理法 116
所得分配 144
シンメトリック協力均衡 58
シンメトリック・ナッシュ均衡 58
垂直的差別化 5, 45
水平的差別化 5, 45, 48
スピルオーバー 56
静学的経済理論 131
生産関数 13
生産者余剰 6, 18, 22
生産要素 136-139, 142-145
生産要素需要 134
製品差別化 38
製品特性 45, 47, 51
設備投資 69
線分市場 48
占有可能 28
占有不可能 28
戦略形ゲーム表現 61, 84

戦略効果 72
戦略的代替性 32, 55, 70, 75
　　──の関係 64
戦略的補完性 38, 54, 55, 64, 75, 101
総生産費 14
創造的破壊 92
阻止 83

た　行

対称的 31
タダ乗り 94
短期戦略 70
チェーンストア・パラドックス 83
長期戦略 70, 74
長期的意思決定 69
直接効果 72
デッドウエイト・ロス 26
展開形ゲーム表現 85
等生産量曲線 13
等費用曲線 14
独占 23, 96
独占禁止法 1, 39
独占的競争 42
特許 94
特許制度 94
トーナメント競争 94
トリガー戦略 40, 66

な　行

ナッシュ均衡 30
　　短期の── 70
2段階ゲーム 52, 70
ネットワーク 100
ネットワーク外部性 99, 100
ネットワーク型産業 64
農外所得 121, 125, 126, 131
農家戸数 121
農家総所得 121
農業就業者数 116, 121, 129, 131, 144, 145, 148

農業所得　121, 123, 125-128
農業生産資材価格指数　116
農業総固定資本形成　128
農業保護　145, 147, 149
農業臨時雇い　123, 127
農工間格差　127-130, 145-150
農産物価格指数　116
農地法　119

は　行

派生需要　133-143
バックワード・インダクション　40
パレート　60
反応関数　31, 38, 70, 74
販売農家　121
非協力ゲーム　30
費用関数　16
費用曲線　16
標準形ゲーム表現　61, 84
品質　46
フィードバック　99
複占　30
部分均衡分析　142
部分ゲーム完全均衡　84
ブランド・ロイヤルティ　42
分離均衡　91
米価引き上げ　127-130
平均費用　16
ベルトラン・パラドックス　35, 80
ベルトラン・モデル　34

ま　行

無差別曲線　8
名目付加価値生産性　116

や　行

予算制約式　9

ら　行

ラグランジュの乗数法　12
利得行列　61
留保価格　46

わ　行

割引因子　40

人　名

アロー（Arrow, K.J.）　93
ウィリグ（Willig, R.D.）　26
エッジワース（Edgeworth, F.）　35, 80
カールソン（Carlsson, H.）　63
クーパー（Cooper, R.W.）　61
クルーグマン（Krugman, P.R.）　101
シェリング（Schelling, T.C.）　104
シュンペーター（Schumpeter, J.A.）　28, 92
ダンメ（van Damme, E.）　63
チェンバリン（Chamberlin, E.H.）　42
ティロール（Tirole, J.）　70
パンザー（Panzar, J.C.）　26
フーデンバーグ（Fudenberg, D.）　70
ベイン（Bain, J.S.）　4
ホテリング（Hotelling, H.H.）　48
ボーモル（Baumol, W.J.）　26

著者略歴

皆川　正（1章‒10章）
みな　がわ　ただし

1969年　一橋大学経済学部卒業
1974年　一橋大学大学院経済学研究科博
　　　　士課程終了
1982年　名古屋大学経済学部助教授
1993年　名古屋大学大学院経済学研究科
　　　　教授
現　在　名古屋大学名誉教授，東海学園
　　　　大学名誉教授，経済学博士

荒山裕行（補論）
あら　やま　ゆう　こう

1975年　京都大学農学部卒業
1986年　シカゴ大学博士課程修了
1986年　名古屋大学経済学部講師
2003年　名古屋大学大学院経済学研究科
　　　　教授
現　在　京都産業大学経済学部客員教授
　　　　Ph.D.（経済学）

Ⓒ 皆川正・荒山裕行　2019

2019年12月6日　　初版発行

経済学教室 12
産　業　組　織　論

著　者　皆川　　正
　　　　荒山　裕行
発行者　山本　　格

発 行 所　株式会社 培　風　館
東京都千代田区九段南 4-3-12・郵便番号 102-8260
電　話 (03) 3262-5256 (代表)・振　替 00140-7-44725

平文社印刷・牧製本

PRINTED IN JAPAN

ISBN 978-4-563-06262-0 C3333